나는 퇴직이 두렵지 않다

요즘 많은 직장인들이 40대 중반만 넘어서도 회사에서 언제 잘릴 지 모른다는 불안감 때문에 마음을 졸이기 시작한다. 얼마 전까지만 해도 사오정(45세 정년), 오류도(56세까지 직장에 다니면 도둑놈)라는 말이 유행했을 정도다. 취업컨설팅업체 잡코리아 조사에 따르면, 국내기업의 체감 평균퇴직연령은 51세에 불과했다. 기업형태별로는 신의 직장이라고 불리는 공기업이 그나마 55세로 가장 많으며, 중소기업은 51세, 대기업은 49세에 머물렀다. 특히 현재 고용상태에 불안감을 느낀다는 응답은 92%에 달했다.

요즘 같은 100세시대에는 60세까지 직장생활을 한다 해도 퇴직 후 30~40년의 후반인생이 기다리고 있다. 그러니 50대 초반에 퇴직을 하게 된다면 돈도 돈이지만 긴긴 후반인생을 뭘 하며 살아갈 것인지 생각만 해도 답답한 노릇이 아닐 수 없다.

그렇다면 직장인들은 이런 어려운 환경에 속수무책으로 그저 두려움에 떨고만 있을 것인가? 아니다. 각자 나름대로 퇴직의 두려움에서 벗어날 수 있는 대책을 마련하지 않으면 안 될 것이다.

이 책은 현재 4050 직장인이 더 이상 퇴직을 두려워하지 않으려면 무엇을 준비해야 하는지에 대해 저자 나름의 해결책을 제시했다.

제1장 '저성장·결핍의 시대, 어떻게 대응할 것인가'에서는, 싱글의 시대·저성장·결핍의 시대를 맞고 있는 우리 사회의 모습을 살펴

보고 그에 대한 대응책을 찾아보았다. 가정경제측면에서 가장 시급한 것은 절약이다. 우리는 지난 30~40년 동안 세계사에 유례가 없는 고성장시대, 아주 특별한 시대를 살아왔다. 이 때문에 합리적인 소비가 생활화된 미국, 일본 같은 선진국에 비해 불필요한 낭비요인이 너무 많은 게 사실이다. 따라서 편안한 후반인생을 위해 제일 먼저 해야 할 일은 이런 일상생활 속의 낭비요인을 제거하는 노력이다.

제2장 '자녀는 나의 노후인가'에서는, 본인이 아무리 성공을 하고 돈을 많이 벌었다 해도 노후에 자녀문제로 큰 고생을 하는 '자녀리스크' 사례와 그 대응책을 다루었다. 과다한 자녀교육비·결혼비용 등을 줄이는 한편, 자녀들에게 제대로 된 경제교육, 직업교육을 시키는 것이 주된 대응책이라 해야 할 것이다.

제3장 '노후 최소생활비는 3층연금으로'에서는, 지금과 같은 저금리·고령화 시대에 몇 억 원의 노후자금을 마련하는 것보다 더 중요한 3층 연금, 즉, 국민연금·퇴직연금·개인연금으로 노후자금을 마련하는 방법을 소개했다.

제4장 '노후자금 마련과 금융자산 운용'에서는, 퇴직 전에 소액자금이라면 적립식으로 펀드투자를 하고 목돈이 마련되면 포트폴리오 방식으로 펀드에 투자해서 노후자금을 마련하는 방법을 다루었다.

제5장 '가장 확실한 노후대비는 평생현역'에서는, 퇴직 후 수입

을 얻는 일이든, NPO(민간비영리조직)활동이든, 자기실현활동이든, 일을 찾는 방법을 소개했다. 퇴직 후의 3대 불안은 노후자금, 건강, 외로움인데, 이 세 가지 불안을 해결하는 최선의 방법이 '일'이기 때문이다.

제6장 '액티브시니어들을 만나다'에서는, 퇴직 후 각 방면에서 보람 있게 일을 하고 있는 액티브시니어 열한 분의 사례를 소개했다.

이 책은 3인의 저자가 나누어 썼다. 제1장, 제2장, 제5장의 집필과 책 전체에 대한 감수는 강창희가, 제3장 및 4장은 지철원이, 제6장과 책 전체 도표 작성은 송아름이 담당했다.

이 자리를 빌려 '연금포럼'이라는 조직을 만들어 연금교육, 노후설계교육활동을 할 수 있도록 배려해 준 트러스톤자산운용에 감사의 마음을 표하고 싶다. 트러스톤자산운용이 수익성을 따지지 않고 이런 활동을 할 수 있는 여건을 만들어 주었기 때문에 이 책에 담긴 콘텐츠를 만들 수 있었다.

끝으로 여러 가지 어려움에도 불구하고 책 출판을 결정해준 무한출판 손호근 사장님과 거친 내용을 매끄럽게 정리해준 박수진 편집장님께도 깊은 감사를 드린다.

저자 대표 강 창 희

목차

저성장·결핍의 시대, 어떻게 대응할 것인가?

2장

자녀는 나의 노후인가?

3장

노후 최소생활비는 3층연금으로

4장

노후자금 마련과 금융자산 운용

5장

가장 확실한 노후대비는 평생현역

액티브시니어들을 만나다

1장

저성장·결핍의 시대,
어떻게 대응할 것인가?

노후빈곤, 남의 일이 아니다

2016년 초 일본에서 출판된 『노후파산』이라는 책이 국내에 번역 소개되어 큰 화제가 된 일이 있었다. 일본 국영방송 NHK가 같은 제목으로 특집 방송한 내용을 책으로 낸 것인데 일본에서도 이 방송이 나간 후 난리가 났었다고 한다. 나(강창희)는 지금까지 일본은 노인들한테는 천국이고 젊은이들한테는 지옥인 나라라고 생각해왔다. 지금 일본의 노인세대들은 고성장기에 직장생활을 했기 때문에 공무원이나 교직원이 아닌 일반 직장인도 60세까지는 직장에서 해고될 염려가 없었다. 또 고성장기에는 우리도 그랬지만, 돈을 빌려서라도 집을 사고, 땅을 사고, 주식을 사면 대부분 장기 상승을 했다. 재산증식을 할 수 있었던 것이다. 그뿐인가. 일본은 우리보다 연금제도가 일찍 도입되어 있었기 때문에 웬만한 직장인이면, 교직원이나 공무원이 아니더라도, 퇴직연금과 국민연금을 합해서 우리 돈으로 월 200만 원 이상은 받을 수 있다. 그런데도, 일본의 65세 이상 노인 중에서 사별하거나 이혼하고 혼자 사는 노인이 600만 명인데, 그중 200만 명 정도가 노후파산 상태로 비참한 삶을 살고 있다는 것이다. 그 이유는 무엇인가?

퇴직연금제도가 있는 회사를 다녔던 사람은 괜찮다. 그런데 자영업자나 퇴직연금이 없는 중소기업에 다닌 사람, 농업 종사자, 이런 사람들은 국민연금 하나밖에 없다. 일본의 국민연금은 우리와 달리 최고 수령액이 우리 돈으로 1인당 월 65만 원 정도밖에 안 된다. 부부가 같이 있을 때는 두 사람 분을 합치면 130만 원 정도를 받을 수 있다. 여기에 약간의 근로소득만 있으면 그럭저럭 먹고살수가 있다.

그러나 사별하거나 이혼하고 혼자가 되면 연금 수령액이 월 65만 원 정도에 지나지 않는다. 이 때문에 어떤 사람은 우리 돈 10만 원 정도로 한 달 식비를 해결한다고 한다. 편의점에서 삼각김밥 하나 사다가 한 끼를 때울 정도인 것이다. 그러다가 60대, 70대가 되어 몸에 병이라도 생기게 되면 노후파산을 피하는 것이 쉽지 않다.

그래도 일본의 웬만한 가정이면 집 한 채는 갖고 있을 텐데, 그 집을 팔아서 살면 될 것 아니냐는 질문이 나올 수도 있다. 그런데 그 집을 믿을 수가 없다. 집이 노후자금에 도움이 안 된다는 것이다. 일본 도쿄 수도권에 살고 있는 친구 하나가 있다. 이 친구는 지금 살고 있는 28평짜리 아파트를 1984년도에 우리 돈으로 1억 2000만 원 정도에 샀다. 이 집 가격이 계속 올라 일본 집값이 피크였던 1991년에는 3억 6000만 원을 기록했다. 지금은 어떤가? 지금 살고 있는 집인데 3000~4000만 원에도 팔릴까 말까라고 한다. 집이 노후자금에 도움이 되지 않는다는 말이다.

그나마 일본인들은 예금을 많이 해둔 덕분에 현역 시절에 예금해둔 돈을 헐어서 쓸 수라도 있다. 하지만 이것도 옛날처럼 60~70대에 세상을 떠나면 상관이 없는데, 100세까지 살게 되는 게 문제이다. 예금이 바닥나고 병이라도 나게 되면 노후파산에 빠질 수밖에 없다. 물론 우리나라도 노후파산에 빠져 고생하는 분들의 사례가 언론에 보도되고 있지만, 아직은 고령화의 초입단계에 있기 때문에 일본처럼 심각한 상황은 아니다. 그러나 10년 후, 15년 후 지금의 일본처럼 초고령사회로 진입할 경우, 우리나라의 노후파산 문제는 얼마나 심각할 것인지 생각만 해도 끔찍하다.

수명이 길어진 건 우리나 일본이나 다를 게 없다

2017년 기준으로 일본인의 평균수명은 남성이 81.1세, 여성이 87.3세이다. 우리는 남성이 79.7세, 여성이 85.7세로 일본과 1년 정도의 차이다. 그런데 머지않아 우리가 일본보다 평균수명이 늘어나 세계 최장수국이 될 거라는 자료를 본 적이 있다. 우리나라처럼 건강보험제도가 잘 되어 있는 나라가 없기 때문이라는 것이다. 그래서 그런지 최근 들어 미국, 캐나다 등으로 이민을 갔다가 되돌아오는 분들이 많다. 가장 큰 이유가 건강보험 때문이라고 한다. 캐나다는 병원비가 거의 무료에 가까운데 언제 순서가 올 지 모른다. "기다리다 죽는다"는 우스갯소리가 있을 정도다. 반면에 미국은 우리와 달리 전 국민이 건강보험에 가입되어 있지 않다. 따라서 비가입자의 경우에는 맹장수술을 한 번 하는데도 3000~4000만 원이 든다고 한다. 미국에서는 "돈이 없어서 죽는다"는 것이다.

그런데 우리는 어떤가? 얼마 전 통풍이 와서 병원에 간 일이 있다. 진료비가 1500원이었다. 5일치 약 처방전을 받아 약국에 갔더니 약값으로 1000원이 나왔다. 놀라서 왜 이렇게 싼지 물었더니 65세 이상 환자의 진료비가 15000원 이하일 경우에는 1500원만 부담하면 된다고 한다. 이렇게 값싸고 편리한 건강보험제도 덕분에 우리나라가 최장수국이 될 수 있다는 것이다. 이것이 과연 좋기만 한 일이겠는가?

02

싱글의 시대가 오고 있다

앞에서 노후에 혼자되면 노후파산의 가능성이 커진다는 말을 했다. 그런데 문제는 우리가 일본보다 더 빠른 속도로 홀로 사는 노후가 보편화되는 시대를 맞이하고 있다는 것이다. 통계청 자료에 의하면 2016년의 경우 50대 이상 고령세대 중 2만 6000명 정도의 남성이 부인과 사별했고, 여성은 9만 5000명 정도가 남편과 사별하여 혼자가 된 것으로 나타났다. 사별 후 남성이 혼자 남아 사는 기간은 평균 9년 정도, 여성은 평균 16년 정도인 것으로 나타났다. 여성이 혼자 남아 사는 기간이 이렇게 긴 것은 여성의 평균수명이 남성보다 6년 정도 길고, 평균 결혼 연령이 남성보다 서너 살 정도 낮기 때문일 것이다.

배우자와 사별한 50대 이상 고령자

(단위: 명)

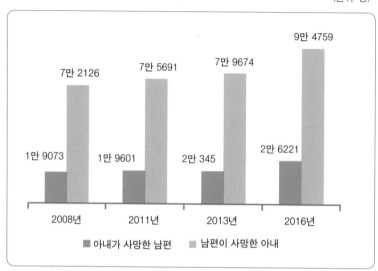

(자료: 한국통계청)

배우자와 사별 후 얼마나 사나

(단위: 년)

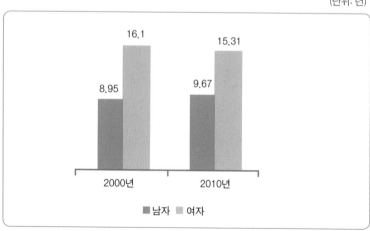

(자료: 한국통계청)

평생 결혼을 하지 않은 채로 노년을 맞는 사람들 또한 급속하게 늘고 있다. 이들 역시 혼자 사는 노후를 피할 수 없다. 50세까지 한 번도 결혼한 적이 없는 사람을 생애미혼 또는 평생미혼이라고 부르는데, 1980년도만 해도 생애미혼율은 남자가 0.4%, 여자가 0.3%에 지나지 않았다. 결혼을 안 하는 사람이 거의 없었다는 뜻이다. 이 비율이 2015년에는 남자가 10.9%, 여자가 5%가 되었다. 남자의 경우 27배로 늘어난 것이다. 더 놀라운 것은 일본이다. 2015년에는 남자 23.5%, 여자가 14.7%였다. 문제는 우리나라가 일본의 뒤를 급속하게 따라가고 있다는 점이다. 2035년에는 우리나라나 일본 모두 남자는 30%, 여자는 20% 정도까지 늘어날 것으로 예측되고 있다.

한국과 일본의 생애미혼율 추이

(단위: %)

구분		1980년	2005년	2015년	2025년 (추정)	2035년 (추정)
한국	남	0.4	3.5	10.9	20.7	30
	여	0.3	2.1	5.0	12.3	20
일본	남	-	16	23.5	27.4	30
	여	-	7.3	14.7	18.9	20

(자료: 한국통계청, 일본국립인구문제연구소)

중년·황혼이혼의 증가도 혼자 사는 고령세대의 수를 늘리고 있다. 우선 1970년대에는 연평균 1만 5000건 정도였던 이혼건수가

2017년에는 10만 6000건으로 늘었다. 예전 어머니 세대들은 결혼해서 실망을 하면 희망을 버렸는데, 요즘 여성들은 결혼해서 실망을 하면 남편을 버린다는 우스갯소리가 유행할 정도다. 그뿐 아니다. 예전에는 결혼 후 4년 이내에 이혼하는 비율이 가장 높았는데 2017년에는 결혼기간이 20년 이상 된 커플, 즉 중년·황혼이혼의 비율이 가장 높았다. 1990년에는 5%에 지나지 않았던 것이 2017년에는 31%로 늘어난 것이다. 이들 중 상당 비율은 결혼생활에 회의를 느끼고 혼자 사는 삶을 택한 것이다.

배우자와 사별하거나 이혼을 하더라도 예전에는 자녀들과 같이 사는 경우가 대부분이었는데 이 또한 최근 들어 크게 달라지고 있다. 최근에 서울시가 65세 이상 고령자를 대상으로 노후에 혼자가 되었을 경우의 주거형태에 대해 조사한 바에 의하면, 자녀와 가까운 곳의 독립공간에서 살고 싶다는 대답이 50%, 노인전용 공간에서 살고 싶다는 대답이 30%로, 80% 정도가 자녀와 따로 살기를 희망했다. 산업화로 인한 핵가족이 일반화되면서 떨어져 지낸 기간이 긴 만큼 서로의 가치관이 달라졌기 때문일 것이다. 서로 생각이 다른 세대가 한 집에 모여 살면 사소한 일상에서부터 갈등이 생길 수 있다고 여기는 것이다.

물론, 부모들의 경제력과도 관계가 있다. 지금 퇴직했거나 퇴직을 앞둔 50~60대들은 1970~80년대 경제성장을 주도하며 부를 축적한 세대이다. 따라서 굳이 자녀들의 부양을 받지 않아도 생활하는데 문제가 없다는 생각을 하는 것이다.

이상의 몇 가지 이유로 인해, 앞으로 우리 사회에서 혼자 사는 노후는 주요한 삶의 형태로 자리 잡게 될 것이다. 통계청자료에 의하면, 1980년에 5%에 지나지 않았던 1인가구 비율이 2017년에는 562만 가구(28%)로 늘어났고 2045년에는 810만 가구(36%)에 달할 것으로 예상된다. 또한, 전체 1인가구 중 65세 이상 노인 1인가구 비율이 2017년의 24%에서 2045년에는 46%에 달할 것으로 예상된다. 1인가구의 절반 가까이가 노인 1인가구가 될 거라는 뜻이다.

한국의 1인가구 증가 추이

연도	1980년	2000년	2010년	2017년	2045년 (추정)
가구수 (만가구)	797	1431	1734	1967	2232
1인가구 (만가구)	38	222	414	562	810
비율	5%	16%	24%	28%	36%

(자료: 한국통계청)

따라서 앞으로는 누구라도 언젠가는 혼자 사는 노후를 맞을 수 있다는 생각을 하지 않으면 안 되게 되었다. 또한, 혼자 사는 삶을 꼭 나쁘게만 생각할 필요도 없다. 도시화가 진전될 때 핵가족화를 우려하는 시각이 많았지만 핵가족은 새로운 가족형태로 성장해 주류를 이뤘다. 노후에 혼자 사는 삶도 마찬가지의 길을 걷게 될 것이다. 평균수명은 늘어나는데 남자와 여자의 수명격차가 그대로 유지되고, 이혼율 또한 증가하게 된다면 인생의 어느 한 부분 동안 혼자 사는 삶이 늘어날 수밖에 없기 때문이다.

혼자 사는 노후에 대비하기

서구선진사회에서는 노후에 혼자 사는 문제를 우리보다 훨씬 일찍부터 경험해 왔다. 예를 들어, 스웨덴의 경우에는 전국평균 1인가구 비율이 40%이고, 수도 스톡홀름의 경우에는 무려 50%에 달한다. 2045년에 예상되는 우리나라의 1인가구 비율 36%를 훨씬 상회하고 있다. 그런데도 스웨덴은 미래가 어둡고 불행한 국가, 쇠락하는 나라가 아닌, 세계에서 다섯 번째로 살기 좋은 나라로 알려져 있다(이코노미스트지 조사). 우선, 혼자 살더라도 연금이 발달되어 있어 세상을 떠날 때까지 최저생활비가 보장되어 있다. 또한 혼자 사는 삶에 대해 어둡고 비관적인 이미지를 갖기보다는 긍정적인 마음가짐으로 혼자 사는 삶도 행복할 수 있도록 미리미리 준비를 하고 있기 때문이다.

주요국 1인가구 비율

(단위: %)

국가	한국	일본	스웨덴	미국
전국	28	35	40	28
수도	31	-	50	-

한국: 2017년 기준, 일본·스웨덴·미국: 2015년 기준
(자료: 한국통계청, 유로모니터, 일본국세조사)

　혼자 사는 노후에 대비하여 중요한 준비는 외로움에 견디는 능력, 즉, 고독력을 키우는 일이다. 현역 시절에 어느 정도의 노후자금을 마련하여 경제적인 문제는 해결한다 하더라도 '고독'에서만은 벗어나기가 쉽지 않기 때문이다. 물론, 고독력을 키운다는 생각 때문에 고립된 생활을 자초해서는 안 된다. 혼자 살더라도 의미 있는 일을 하고, 자신에게 맞는 취미생활을 하면서 새로운 공동체에 편입하기 위한 노력을 하지 않으면 안 된다.

　고립을 피하는데 가장 중요한 것은 주거형태이다. 자녀와 같이 살기를 희망하지 않는다면 결국 이웃만한 복지시설이 없다. 우리보다 고령사회를 일찍 경험한 일본에서는 노부부만 살거나 부부가 사별하고 혼자된 경우에 소형평수(18~20평)면서 쇼핑, 의료, 취미, 오락, 친교까지 모두 가까운 거리에서 해결할 수 있는 주거형태를 선호한다고 한다. 아직도 대형·고층아파트를 선호하는 우리나라 노년세대들이 참고해야 할 사례가 아닌가 생각된다.

또 한 가지 중요한 것은 노후생활비 준비방법이다. 종래의 남편 중심의 노후준비에서 혼자 남아 살게 될 가능성이 큰 아내를 배려하는 노후준비로 바뀌어야 한다. 혼자 사는 고령세대의 80% 정도가 여성이고 혼자 살게 되는 기간 또한 남성보다 훨씬 길기 때문이다. 아내가 혼자 남아 살게 될 경우를 생각해서 연금, 보험 등에 가입하여 미리미리 준비를 해둬야 한다.

저성장·결핍의 시대가 오고 있다

100세시대, 싱글의 시대와 더불어 우리 경제가 저성장·결핍의 시대에 들어서고 있다는 점 또한 우리의 노후를 불안하게 하고 있다. 앞으로는 종래와 같은 고성장을 기대하기가 어렵기 때문이다. 주위에서 보면 지금 우리나라가 선진국이냐 아니냐에 대해서 말들을 많이 한다. 그런데 다른 것은 몰라도 소득 수준만으로 본다면 지금 우리나라는 선진국 수준이라고 해야 할 것이다.

주요국의 구매력 기준 1인당 국민소득(GDP)

영국	4만 4100달러	한국	3만 9400달러
일본	4만 2800달러	스페인	3만 8300달러
프랑스	4만 3800달러	이탈리아	3만 8100달러
유럽연합 평균	4만 900달러		

(주) 2017년 추정치

(자료: 미국 CIA 발간 World Fact Book)

예를 들어, 미국 CIA가 구매력을 기준으로 2017년 1인당 국민소득 추정치를 발표한 자료에 의하면, 우리나라는 3만 9400달러인 것으로 나타났다. 영국(4만 4100달러), 일본(4만 2800달러), 프랑스(4만 3800달러)보다는 약간 낮은 수준이지만, 선진국인 스페인(3만 8300달러), 이탈리아(3만 8100달러)보다는 높다. 이 통계가 의미하고 있는 것은 무엇인가? 앞으로 우리가 엄청난 노력을 하지 않으면 우리 경제는 지금보다 더 좋아지기보다는 정체되거나 나빠질 가능성이 크다는 것이다.

우리 경제는 지난 1960년대 이후 90년대 중반까지 세계 역사에 유례가 없는 고성장을 계속해 왔다. 작년보다 금년이 좋아지고, 또 금년보다 내년이 좋아지는 이런 세월을 30~40년 살아온 것이다. 그 때문에 우리는 자신도 모르는 사이에 고성장 마인드, 고성장 체질이 몸에 배어 있다. 그런데 2000년대 이후 경제성장률은 4%, 3%, 2%대로 낮아졌다. 최근에는 IMF가 한국 경제성장률이 1%대로 낮아질 것이라는 전망치를 내놓기도 했다. 이런저런 전망치들을 종합해 볼 때 앞으로 상당 기간 동안 우리 경제가 저성장·결핍의 시대를 각오하지 않으면 안 될 환경에 놓여 있다는 것이다.

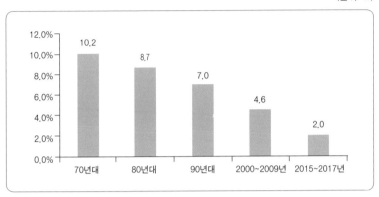

실질 경제성장률 추이

(단위: %)

(자료: 한국은행)

그렇다면 지난 30~40년 동안 우리 경제는 어떻게 세계 역사에 없는 폭발적인 성장을 할 수 있었을까? 경제학에서 가르쳐주는 것처럼, 장기 실질경제성장률은 노동인구 증가율과 노동생산성에 의해 결정된다. 여기에서 노동인구 증가율은 '출산율'과, 노동생산성은 '교육 수준, 근면 성실'과 가장 큰 상관관계를 갖고 있다.

이 중에서 합계출산율 추이 한 가지만 살펴보자. 여기에서 말하는 합계출산율이란 여성 1명이 가임기간(15~49세) 동안 낳을 것으로 기대되는 평균 출생아 수를 말한다. 1955년에서 60년까지 연평균 합계출산율은 6.3명이었다. 이들이 바로 6·25전쟁 휴전 이후에 태어난 베이비붐 세대들이다. 이 세대들이 성인이 되어 산업현장에 투입되고, 소비의 주체가 되면서 우리나라가 폭발적인 경제성장을 이룩한 것이다. 그러던 출산율이 1990년대 들어서면서부터 급격하게 낮아지기 시작했다. 예를 들어 2005년의 합계출산율은 1.08명이었다. 2018년에는 1명 미만이 될 것으로 예측된다. 더 큰 문제는 이렇게 낮은 출산율이 높아질 가능성이 거의 보이지 않는다는 것이다. 아이는 낳지 않고 수명은 길어지고, 결국은 노인만 남는 나라로 갈 수밖에 없다.

한국 합계출산율 변화 추이

(단위: 명)

연도	1955~60	1983	2005	2015	2017	2018(추정)
합계출산율	6.3	2.06	1.08	1.24	1.05	1 미만

(자료: 한국통계청)

고령화가 급속도로 진행되고 있다

우리나라는 65세 이상 고령자 비율이 7%를 넘어서는 고령화사회를 지나 이 비율이 14%를 넘어서는 고령사회, 20%를 넘어서는 초고령사회를 향해 급속하게 달려가고 있다. 물론 이런 점은 세계적인 추세이기도 하다. 그런데 우리나라의 문제는 고령화의 속도에 있다. 세계에서 가장 빠른 속도이기 때문이다.

예를 들어 프랑스 같은 나라는 고령화사회에서 초고령사회까지 가는데 155년이 걸렸다. 일본은 이 기간이 35년이었다. 일본이 20년 넘는 기간 장기불황으로 고생해 온 것은 이런 급속한 변화에 적응하지 못했던 것이 가장 큰 이유라고 할 수 있다. 그렇다면 우리나라는 어떤가? 프랑스에서는 155년, 일본에서는 35년 동안에 이루어진 변화가 우리에게는 26년밖에 걸리지 않는다. 프랑스 같은 나라는 155년 동안에 서서히 적응해가면 된다. 반면 우리나라는 26년 동안에 빠르게 적응하지 않으면 안 되는 것이다. 적응을 못한다면 지난 20년 동안 일본이 경험한 것보다 훨씬 더 큰 어려움에 처하게 될 지도 모른다.

고령화 속도를 늦추는 방법의 하나는 출산율을 높이는 것이다. 그러나 젊은 세대가 결혼을 안 하는데 어떻게 출산율이 높아지겠는가? 그렇다면 프랑스 같은 나라들은 어떻게 출산율을 높였을까? 참고로 1.7명 수준까지 낮아졌던 프랑스의 출산율은 최근 2명을 넘어섰다. 아이를 키울 수 있는 환경을 개선해 주는 등의 여러 배경이 있겠지만, 가장 큰 이유는 비혼 커플들의 출산율이 높기 때문이다. 결혼을 하지 않은 커플의 비혼출산비율이 우리나라는 1.9%(2017년)인데 비해 프랑스는 57%(2016년)이다. 스웨덴은 55%(2016년), OEDC 평균은 40%(2016년)에 달한다. 정식으로 결혼해서 낳은 아이들이나 비혼 커플이 낳은 아이들이나 똑같이 대우해주는 사회 분위기가 조성되어 있기 때문에 가능한 일일 것이다. 그런데 우리나라에서 과연 이런 인식 변화가 하루아침에 이루어질 수 있겠는가? 시간이 걸려 많은 우여곡절을 겪지 않고서는 어려운 문제라고 본다.

여기에서는 출산율 문제 한 가지만 언급했지만 그 밖에도 수많은 난제들이 우리 앞에 놓여있다. 시간을 두고 이런 난제들을 해결하지 않고서는 새로운 성장국면을 기대하기 쉽지 않을 것이다. 따라서 상당기간 저성장·결핍의 시대를 맞을 수밖에 없다는 점을 받아들이고 그에 대한 대응책을 세워야 한다.

저성장·결핍의 시대에 어떻게 대응할 것인가?

저성장·결핍의 시대에 대응하여 살아남기 위해서는 어떤 대책이 필요한가? 우선, 가정경제 측면에서 가장 시급한 대책은 '절약'이다. 그런데 강의를 하면서 절약을 이야기하면 '재테크 강의라고 해서 돈 버는 방법이나 기발한 주식종목 하나쯤 찍어줄 것을 기대하고 왔는데 절약을 하라고? 아니, 세상에 그걸 모르는 사람이 어디에 있어?'라는 듯 어이없는 표정을 짓는 분들이 많다.

그러나 그렇지 않다. 지난 30~40년 동안 고성장시대, 아주 특별한 시대를 살아왔기 때문에 우리는 아낀다고 생각하는데, 미국이나 일본과 같은 선진국 사람들이 우리를 보면 너무나 낭비요인, 거품요인이 많다는 것이다. 재미교포 한 분이 성공하여 서울에 사장으로 발령을 받고 와서 몇 달을 살고 난 후 이런 말을 하는 것을 들었다.

"서울에 와서 몇 달을 살아보니 서울처럼 대중교통이 발달된 도시가 세계에서 몇 군데 없다. 그런데 1km를 가면서 자동차를 끌고 가는 게 아닌가."

우리는 아무렇지 않게 생각하는데 그분 눈에는 그게 참 이상하다는 것이다. 필요 없는 자동차, 교육비, 결혼비용, 경조사 등의 비용을 작심하고 아끼지 않고서는 살아남을 수 없는 세상이 오고 있다는 것이다. 이와 관련해서 의미 있는 기사가 게재된 일이 있다. 여기에 그 내용을 소개한다.

> "결핍의 시대에 대비해 어떤 무기를 준비해야 할까요? 결핍은 '있어야 할 것이 없어지거나 모자란 상황'을 말합니다. 고도성장시대에는 이 '있어야 할 것'의 기준이 높아도 괜찮았습니다. 성취할 기회가 많았으니까요. 하지만 성취의 기회가 적고 평준화하는 저성장시대에는 '있어야 할 것'의 기준이 높을수록 좌절하고 불행해질 확률이 높아집니다. 그래서 요즘 아이들에게 '결핍'에 적응하는 방식을 가르치는 부모님들이 있다고 합니다."
>
> -「조선일보」2013년 8월 31일자 주말판

실제로 이런 노력을 하는 분을 만난 일이 있다. 어느 모임에서 만난 교수님의 이야기다. 이 교수님의 외동딸이 그해 봄에 대학을 졸업했는데 6개월이 넘도록 취업을 못하고 있다고 했다. 괜찮은 대학을 나왔고, 유명한 교수님이 어디에 한 번만 부탁을 하면 취직을 못 시킬 것도 없는데 안 한다는 것이다. "재수를 해서라도 네 힘으로 들어가라"고. 결핍에 적응하는 방식을 가르치기 위해서라고 한다. 자기 딸이 용돈이 궁한 것 같아, 주고 싶은 마음이 꿀떡 같은데 참고 참는다고도 했다. 결핍에 적응하는 방식을 가르치기 위해서다. 많은 부모들이 자녀들의 자립정신 부족을 한탄하지만 그 책임은 그런 교육을 시켜오지 않은 부모세대들에게 있는 게 아닌지 반성해봐야 할 것이다.

절약은 가장 중요한 투자방법

또 한 가지 명심해야 할 것은 지출금액은 자신의 의사만으로 관리를 할 수 있지만 금리나 주가 등의 자산가격은 그 누구도 관리를 할 수 없다는 점이다. 수입 또한 좀처럼 자신의 노력만으로는 관리가 불가능하다. 결국 자신의 힘으로 관리할 수 있는 것은 가계 지출 정도이다.

'절약'은 중요한 투자방법이기도 하다. 절약을 할 수 없다면 가장 투자성과가 높은 투자상품임을 알면서도 내다 버리는 것과 같다. 예를 들어, 10만 원을 써야 할 일이 생겼을 때 9만 원으로 그 일이 끝났다면 그 순간 그렇게 하지 못한 사람에 비해 10% 수익률을 높인 결과가 된다. 리스크를 지지 않고 이런 고수익을 낼 수 있는 금융상품은 어디에도 없다. 금리나 주가가 어떻게 움직이든 상관이 없다. 절약이야말로 가장 확실한 운용방법인 것이다.

절약이 이렇게 효과적인 투자방법이라는 사실을 알고 있다고 해도 오랫동안 습관화된 생활수준을 낮추어 절약을 실행에 옮기는 데에는 상상 이상의 고통이 따른다. 이 때문에 생활수준을 낮추는 노력보다는 먼저 수입을 늘리는 방법, 그중에서도 단기 재테크로 생활비를 버는 방법에 관심을 갖기 쉽다.

그러나 금융투자업계에서의 오랜 경험으로 볼 때 단기 재테크로 돈을 번다는 것은 성공할 확률보다 실패할 확률이 더 높다. 또한 현역 시절에는 재테크에 다소 실패를 하더라도 만회할 수 있는 시간이 있지만 퇴직 후에는 그럴 시간도 없다. 따라서 재테크를 통해 수입을 늘리는 방법을 생각하기 전에 가계지출을 줄이는 일부터 시작해야 한다.

십 수년 전, 일본 도쿄의 서점에 절약에 관한 책들이 진열되어 있는 것을 보고 '아니, 돈 버는 방법에 관한 책은 없고 쪼잔하게 이런 절약에 대한 책들만 있는 거야?' 이런 생각을 한 일이 있다. 그러나 그것은 일본만의 얘기가 아니다. 요즘은 우리나라 서점에 가 봐도 『여자의 습관』, 『우아하게 가난해지는 법』, 『120만 원으로 살아보기』와 같은 절약에 관한 책들이 다수 놓여 있는 걸 볼 수 있다. 선진국이 걸어간 길을 우리가 그대로 따라가고 있는 것이다. 앞으로 가면 갈수록 절약의 중요성이 높아질 것이다.

2장

자녀는 나의 노후인가?

자녀리스크를 아십니까?

"저는 금년 나이 62세입니다. 기업과 용역계약을 맺고 운전을 해서 월 150만 원 정도를 법니다. 그리고 국민연금을 월 50만 원 정도 받습니다. 아내도 아르바이트를 해서 약간의 수입을 올리고 있습니다. 다행히 빚도 없고 부부 모두 건강하기 때문에 살아가는 데는 큰 문제가 없습니다. 재산으로는 시가 2억 8000만 원 정도 되는 아파트 한 채가 있습니다. 딸, 아들 하나씩인데, 딸은 시집가서 잘 살고 있습니다. 아들도 괜찮은 회사에 다니고 있는데, 이번에 같은 회사에서 사귄 처녀와 결혼을 할 예정입니다. 다른 집에서는 자식이 결혼하면 전세자금 마련 때문에 허리가 휜다고 합니다만, 제 아들놈은 신통하게도 자기들끼리 전세금 융자를 받아 해결할 수 있으니 걱정 말라는 겁니다. 그런 효자가 없다는 생각이 듭니다. 그런데 아무리 아들이 말은 그렇게 해도 제 마음은 그렇지가 않습니다. 최소한의 지원은 해야 하지 않을까 하는 것이지요. 저희 부부가 살고 있는 아파트를 담보로 해서 6000~7000만 원 정도 은행융자를 받아 결혼자금으로 지원해주고 싶습니다. 그런데 아내는 그 돈을 대주고 나면 우리 부부의 노후자금은 어떻게 할 거냐면서 반대를 합니다. 아직 의견절충을 못했는데, 오늘 강 선생님을 만날 예정이라고 했더니 어떻게 하는 게 좋을지 물어보고 오라는군요."

이상은, 얼마 전 직장인 대상 강의를 위해 주최측에서 보내준 승용차를 타고 강의장으로 가면서 운전기사님과 나눈 이야기이다. 자식을 위해서라면 빚을 내서라도 도와주려고 하는 우리나라 부모님들의 자녀사랑에 그저 고개가 숙여질 뿐이다. 나로서는, 지금과 같은 100세시대에 자녀사랑도 좋지만 자신들의 노후도 생각해야 할 게 아니냐는 원론적인 대답밖에 할 수 없었다.

그래도 이 사례는 자신의 노후 및 자녀문제와 관련하여 양호한 경우다.

공포가 되어 버린 자녀리스크

부모가 아무리 성공하고 돈을 많이 벌었다 해도 자녀문제로 인해 노후에 큰 고생을 하는 사례를 주위에서 심심치 않게 볼 수 있기 때문이다. 오죽하면 '자녀리스크'라는 말이 유행하겠는가? 예를 들어 결혼한 자녀가 갑자기 찾아와 신용불량자가 되게 생겼다며 손을 벌리면 부모는 거절할 방법이 없다. 모아둔 노후자금을 전부 내주고 노부부가 쪽방에 살고 있는 사례도 있다. 학교를 졸업한 후에도 결혼을 안 하고 부모에게 얹혀사는 자녀들도 있다. 우리나라에서는 이를 캥거루라고 한다. 이 숫자가 48만 5000명 정도 된다는 조사자료가 발표되기도 했다. 그런데 실제 캥거루가 이 말을 알아들으면 화를 낼지도 모른다고 한다. 캥거루는 자기 새끼를 딱 1년만 보호하다가 독립시키기 때문이란다. 이와 달리 사람은 끝이 없지 않은가.

일본에서는 캥거루를 기생충적 독신(Parasite Single)이라고 부른다고 한다. 일본의 35~44세까지의 인구는 총 1895만 명이다. 그 중 약 16%에 해당하는 295만 명 정도가 결혼도 하지 않고 부모에게 얹혀사는 기생충적 독신이라는 것이다. 이들에게는 부모가 세상을 떠난 뒤가 더 큰 문제이다. 직업이 있는 자녀는 그나마 상황이 좀 낫지만 문제는 직업 없는 자녀가 더 많다는 점이다. 부모 사망신고를 하지 않고 부모의 연금을 계속해서 받아 생활하기도 하고 아예 극빈층으로 전락하는 경우도 있다고 한다.

"작년에는 40대 후반의 은행원 아들이 회사를 그만두더니, 이번에는 40대 중반의 증권회사 다니던 아들이 또 회사를 그만두었다는군요. 두 놈 다 괜찮은 대학을 나왔고, 중년이 되도록 결혼을 안 해서 걱정은 했지만, 설마 무직 상태가 될 거라고는 꿈에도 생각해본 일이 없는데 두 놈 다 밖에도 나가지 않고 집에만 틀어박혀 있으니…. 게다가 아내는, 이웃사람들이 아들이 어떻게 된 거냐고 물어볼까봐, 슈퍼를 가는데도 남들 눈을 피해 아침 일찍이나 저녁 늦게 갔다 오곤 한다는 겁니다."

이상은 얼마 전 서울에서 만난 일본 지인으로부터 들은 하소연이다. 70대 중반의 나이로 도쿄 근무 시절 가까이 지내면서 인생의 선배로서 나에게 많은 조언도 해주었던 분이다. 열심히 일해서 약간의 재산도 모았고, 매월 받는 연금액수도 제법 되기 때문에 노후 생활에 대해서는 거의 걱정을 안 하고 살았는데 아들 둘이 고립무직자가 되었으니 얼마나 황당하겠는가? 문자 그대로 자녀리스크 관리에 실패한 전형적인 사례가 아닌가 생각되었다.

지난 20여 년 동안 장기불황을 겪으며 일본에서는 학교를 졸업하고 사회에 나온 젊은 세대들이 취업을 못하거나 취업을 하더라도 파트타임이나 파견사원 등의 비정규직으로 일하고 있는 비율이 크게 높아졌다. 정규직으로 취업을 했더라도 위 사례처럼 40대의 나이에 명예퇴직을 하여 직업 없이 시간만 보내고 있는 사례도 많다. 이들은 자립을 하고 싶어도 자신의 수입만으로는 제대로 된 생활을 하기가 어렵다. 일본의 부모들은 이런 자녀들을 자립시키기 위해 노력을 하기보다는 대책 없이 부양만 하고 있다. 어쩌면 일본 사회가 이들을 구할 수 있는 대책을 내놓고 있지 않기 때문에 부모가 자녀를 돌볼 수밖에 없는지도 모른다. 직장이 없는데 밖에 나가질 않으니 결혼은 더욱더 어려워질 수밖에 없다. 앞서 언급했지만, 2015년 말 현재 일본에서 50세까지 한 번도 결혼한 일이 없는 이른바 '생애미혼자'가 남성은 23.5%, 여성은 14.7%에 이른다.

나의 지인은 아들 문제로 라이프플래너(Life Planner, 생애설계전문가)와 상담을 했다고 한다. 그런데 그 전문가가 조언해줬다는 내용이 놀랍다. 실직한 자식들을 구해줄 사람은 결국 부모밖에 없기 때문에 부모 사망 후까지를 염두에 두고 자식의 생존전략을 마련해줘야 한다고 하더라는 것이다.

30대까지는 자식들이 사회에 복귀할 수 있는 방법을 찾아봐야겠지만 40대를 넘어서면 복귀가능성은 급격히 낮아진다. 따라서 자식이 일생을 혼자서 살아갈 수 있도록 대책을 마련해주지 않으면 안 된다. 이를 위해서는 부모의 노후설계를 대폭 수정할 수밖에 없다. 우선, 혼자 남는 자식에게 최소한의 생활비라도 남기려면 노부부의 생활비를 줄이는 일부터 시작해야 한다. 보유자산을 모두

소진하지 않고 자식에게 물려주려면 연금만으로 살아갈 수 있도록 생활수준을 낮출 수밖에 없다. 노부부의 재산 상태를 살펴본 전문가는 월 16만엔(약 160만 원)으로 살아갈 수 있도록 식비, 주거비, 의료비, 레저비 등을 최소한으로 줄이라고 조언했다고 한다. 그 밖에도,

- 약간의 연금이라도 받을 수 있도록 아들명의로 가입된 연금이 체납되는 일이 없도록 도와줄 것
- 혼자 남은 자식이 적은 생활비로 어려움을 겪지 않고 살 수 있도록 훈련을 시킬 것
- 부모가 경제적으로 여유가 있을 때 용돈을 많이 주면 낭비벽이 생길 우려가 있으므로 조심할 것
- 이렇게 해서 월 10만엔(약 100만 원) 정도로 살아갈 수 있는 생활습관을 몸에 익히도록 할 것

이상이 생애설계 전문가의 조언내용이라고 한다. 기가 차다고 해야 할지, 서글프다고 해야 할지 그 말을 듣는 동안 내내 마음이 무거웠다.

자녀교육비와 결혼비용에 대한 한·미·일의 인식 차이

세계에서 한국처럼 자식에게 돈을 쏟아붓는 나라도 없을 것이다. 대학등록금이 비싸다는 말들을 하지만 미국 대학의 등록금이 한국보다 훨씬 더 비싸다. 그런데 한국이나 일본의 부모들은 '대학등록금은 부모의 책임'이라는 생각을 하는 반면, 미국 부모들은 '대학등록금? 자기들이 융자받아서 내고 취직해서 갚겠지' 이렇게 생각한다는 것이다.

다음은 자산운용사 CEO로 한국에 와서 일하고 있는 한 재미교포로부터 들은 얘기다. 이분은 1980년대에 국내 명문사립대학 2학년 재학 중에 미국에 있는 누님이 비행기표를 보내줘서 미국 유학을 떠났다고 한다. 한 학기가 지나서 당시 한국 돈으로 400만 원 정도 되는 등록금 고지서가 나왔다. 당연히 누님이 줄 거라는 생각에 그 등록금 고지서를 누님에게 갖다 줬다고 한다. 그런데 누님이 완전 미국화가 된 분이었다. 자기를 빤히 보면서 "이걸 왜 나한테 주는 거야? 네가 알아서 해!" 이러더라는 것이다. 당황스럽고 야속했지만, 그때부터 코피 터지게 아르바이트하고, 장학금 찾아보고, 융자도 받고 해서 어렵게 졸업을 했다고 한다. 지나고 생각해보니 그때 누님이 등록금을 두말없이 척척 내줬으면 자기는 오늘처럼 성공하지 못했을 거라고 말한다. 자립심을 키워준 누님에게 고맙게 생각하고 있었다.

현재 세계에서 대학진학률 1등인 나라가 한국이다. 한때 83%까지 올라갔던 것이 현재는 69%까지 떨어졌지만, 여전히 세계 1위이다. 2등은 일본으로 55% 정도이다. 그런데 대학진학률 1등과 2등인 이 두 나라의 공통점은 등록금을 부모가 대준다는 점이다. 미국이나 유럽에서는 자기가 아르바이트를 하거나 학자금 대출을 받아서 다녀야 하기 때문에 공부에 취미가 없거나, 나와 봐야 취직도될 것 같지 않을 정도로 수준 낮은 대학이라면, 아예 그 돈으로 장사를 하거나 다른 일을 찾는다고 한다.

그러나 한국이나 일본은 어떠한가? 부모가 학비를 대주다 보니 공부에 대한 적성, 대학의 수준, 장래성 등은 따져보지도 않고 무조건 들어가고 본다. 그러니 나중에 취직도 안 되고 형편이 더 막막해질 수밖에 없다.

결혼비용에 대한 인식 차이

결혼비용에 대한 인식은 한국과 일본이 또 다르다. 일본에서는 젊은이들이 결혼비용을 부모에게 약간이라도 도움 받아야 할 사정이면 이리저리 눈치를 보다가 "어떻게 조금만 도와줄 수 없을까요?" 이렇게 부탁을 한다는 것이다.

일본 중견 자산운용사의 사장인 나의 지인으로부터 들은 이야기이다. 그의 딸이 결혼할 때 딸 부부는 스스로 모든 비용을 해결했고 자신은 신혼여행비조로 약간의 도움을 준 정도였다고 한다. 결혼 후 수년이 지나 딸이 집을 사게 되었다고 도움을 요청했을 때도 150만엔(한화로 1500만 원 정도) 도와주는 걸로 끝냈다. 중견 자산운용사의 사장이었고 어느 정도 경제력도 있는 편이었는데도 말이다.

반면에 한국은 어떤가? 결혼비용을 대줘야 한다는 생각이 자녀들보다 부모쪽이 더 강하다. 한국여성정책연구원의 조사결과에 의하면 자녀세대는 응답자의 65%가, 부모세대는 85%가 "결혼비용은 부모가 지원해야 한다"고 답하고 있다. 본인들의 힘만으로 결혼하는 자녀는 전체의 10% 정도밖에 되지 않는다. 금액도 문제다. 웨딩컨설팅업체 듀오웨드의 조사결과에 의하면, 최근 2년 이내 결혼한 신혼부부 1000명의 평균 결혼비용은 2억 6000만 원이었다. 그중 신랑이 1억 7000만 원, 신부는 9000만 원이나 부담하는 것으로 나타났다. 이 중 부모부담은 아들의 경우 1억 3900만 원 이상, 딸인 경우는 6500만 원 이상으로 나타났다.

과다한 자녀교육비와 결혼비용을 지출한 부모의 노후는?

이렇게 과다한 교육비와 결혼비용 지출이 부모의 노후생활에는 어떤 영향을 미치는가? 한국의 5060세대는 648만 가구이다. 트러스톤연금포럼의 조사결과에 의하면, 지금처럼 교육비·결혼비용을 지출할 경우 5060세대의 약 60%가 은퇴빈곤층으로 전락할 위험이 있는 것으로 나타났다. 여기에서 말하는 은퇴빈곤층이란 부부가 월 생활비 98만 원 이하로 살아야 하는 가정을 말한다. 대부분의 한국 가정에서는 자녀들의 교육비, 결혼비용 문제를 해결하지 않고서는 노후를 여유롭게 살 방법이 없다는 뜻이다. 그런데 이 문제를 해결할 생각은 하지 않고 달리 방법을 찾으려 하니 답이 나오지 않는 것이다.

자녀교육비·결혼비용이 노후생활에 미치는 영향

현재	지금처럼 자녀 결혼비용을 대줄 경우
5060세대 648만 가구 중 271만 가구(42%)가 은퇴빈곤층으로 전락할 위험	추가로 많게는 110만 가구(17%)가 은퇴빈곤층으로 전락할 위험

(자료: 트러스톤 연금포럼)

또 하나의 문제가 있다. 이렇게 무리하게 자녀교육비와 결혼비용을 지출하면 자녀들은 부모에게 고맙게 생각할까? 오히려 집안 형편이 어려워서 어릴 때부터 스스로 결핍에 적응하는 방식을 체득한 자녀들은 부모 생각을 하는 것 같다. 그 한 사례를 소개한다. 2015년 여름 〈스카우트〉라는 TV프로그램에서 전국의 특성화 고등학교 2학년 학생들이 국내 시중 은행에 취직하기 위해 노력하는 과정을 방송한 일이 있다. 당시 나는 심사위원을 하면서 놀라운 경험을 했다. 고등학교 2학년생들이 유머를 섞어가면서 설명을 하는데, 어느 회사 대졸 연구원들에 못지않았다. 또 본인들이 아르바이트를 해서 번 돈으로 동생들 용돈도 주고, 부모 생활비를 보태는 등 참으로 감동하지 않을 수 없었다.

결혼비용에 대한 신혼부부의 생각

	예	아니요
부모가 내 결혼비용 때문에 힘들어 하셨다.	35%	65%
나는 남들에 비해 결혼비용을 적게 쓴 편이다.	65%	35%
남들은 나보다 더 지원 받는 경우가 많다.	52%	48%

(자료: 한국여성정책연구원)

반면, 무리하게 비용을 들여 결혼시킨 가정의 자녀들은 어떤 반응을 보이는가? 한국여성정책연구원이 부모들의 결혼비용 부담에 대한 신혼부부의 생각을 조사한 자료에 의하면 "부모가 내 결혼비용 때문에 힘들어 하셨다고 생각하는가?"라는 질문에 대한 대답에서 '아니오'가 65%, "자신은 남들에 비해서 적게 쓴 편인가?"에 대한 질문에서는 '예'가 65%를 차지했다. 자신들의 노후는 생각하지도 않고 무리하게 비용을 댄 부모들이 이런 자료를 보면 그 마음이 어떻겠는가?

물론 좀 섭섭하다 하더라도 자녀들만 잘 살 수 있다면 상관이 없지 않느냐는 생각을 할 수도 있을 것이다. 그런데 그게 그렇게 간단하지가 않다. 예전의 부모들은 논 팔고 집 팔아서라도 자식들을 시험만 잘 보게 만들어 놓으면 본전을 뽑을 수 있었다. 괜찮은 학교를 나와 괜찮은 회사에 들어가서 그럭저럭 60세까지 다니고, 또 그 자녀들이 부모의 노후를 책임져 주었기 때문이다.

그러나 지금은 어떤가? 자식들은 자기들 살기도 바쁘다. 어떤 일류 기업에 들어가도 40대 중반이면 언제 명예퇴직을 당할지 알 수 없는 시대이기 때문이다.

2015년 초에 영화 '국제시장'이 1200만 관객을 동원하며 흥행돌풍을 일으킨 일이 있다. 영화의 주인공 덕수가 마지막에 이런 말을 한다.

"우리 자식 세대가 아닌 우리 세대가 힘든 세상의 풍파를 겪은 게 얼마나 다행인지 모르겠다."

젊은 세대들에게 이런 말을 하면서 "똑바로 해. 이놈들아!" 이렇게 말하고 싶은 덕수 세대들도 많을 것이다. 그런데 젊은 세대가 이런 말을 들으면 어떤 반응을 보일까? 겉으로는 수긍할지 모른다. 그러나 내심은 냉소적이지 않을까 싶다.

"당신네들이 부동산 투기해서 집값 올려놓아 우린 집도 못 사지 않아요?"

"당신네들이 경제는 이 꼴로 만들어 놓고 대학은 대책 없이 많이 만들어 놔서 우리는 취직도 안 되잖아요?"

이렇게 말하는 젊은이들이 많을지도 모른다. 덕수 세대들은 지금의 한국사회가 젊은 세대에게 얼마나 냉혹한 사회인가에 대해서 생각을 해보지 않으면 안 된다.

젊은 세대에게 냉혹한 사회, 자녀에게 너무 관대한 부모

2015년에 일본의 가족사회학자이자, 추오대학 교수인 야마다 마사히로가 쓴『왜 일본은 젊은 세대에게 냉혹한가』라는 책을 읽은 적이 있다. 그 정도가 얼마나 심각하기에 이런 제목의 책이 나왔는지 궁금했다.

야마다 교수에 의하면, 일본에서 1990년대 초 버블이 붕괴되기 이전에 사회진출을 한 세대들은 취업에도 큰 어려움이 없었고, 경제의 고성장에 힘입어 내집마련 등의 자산 형성에도 많은 혜택을 받았다. 연금제도도 정비되어 있어서 웬만한 직장인이면 퇴직 후에도 여유 있는 생활을 할 수가 있었다. 반면에, 지난 20년 넘는 장기불황국면에 사회진출을 한 젊은세대들은 취업 자체가 어려운데

다, 한다 하더라도 파트타임이나 파견사원 등 비정규직의 비율이 크게 높아졌다. 이들은 자립을 하고 싶어도 자신의 수입만으로는 제대로 된 생활을 하기가 어렵다는 것이다.

그러나 그 일본의 사정이 2~3년 전부터 경기가 풀리면서 급격하게 바뀌었다. 2018년 3월 대학졸업자의 취업률은 98%에 이른다. 구인난으로 아우성일 정도이다. 2017~18년 사이에 2만명 정도의 한국 대학생이 일본기업 취업을 위해 출국했다는 언론보도를 본 일도 있다.

그렇다면 우리의 형편은 어떤가? 일본식으로 계산해본다면, 2016년 대졸취업율은 67%에 지나지 않는다. 군입대자, 대학원진학자를 제외하면 60%에도 이르지 못할 것이라고 한다. 젊은 세대의 입장에서 볼 때 얼마나 냉혹한 사회인가? 일본이 냉혹한 사회라는 말은 엄살(?)이라는 생각이 들 정도이다.

또, 이렇게 어려운 경쟁을 뚫고 취업을 하면 제대로 정년은 보장되는가? 그렇지가 않다. 2015년에 경희대학교 신동균 교수가 연구발표한 자료에 의하면 '남자가 주직장에서 45세까지 근무할 확률'은 1950년 이전 출생자의 경우 70~80%였던 것이 1958년생은 40%, 1962년생은 20% 수준으로 낮아졌다. 통계청 발표에 의하면 2017년 말 현재 비정규직 비율은 32%에 이르고 그중 1/3 정도가 대졸 비정규직이다. 40대 중반만 되면 언제 회사를 그만두어야 할

지 모르는 불안한 근무환경이다. 그야말로 지금 우리 사회는 '젊은 이들에게 냉혹한 사회'라고밖에 할 수 없다.

하지만 이런 자녀들에게 너무 관대한 부모, 자녀들을 지나치게 과보호하는 부모들에게도 문제가 있다. 자녀들이 냉혹한 사회를 헤쳐 나갈 수 있도록 씩씩하고 자립심 있게 키우기보다는 오직 시험만 잘 보는 자녀로 키우는데 올인한다. 게다가 대학생이 되고 사회인이 된 뒤에도 자녀들을 독립시킬 생각을 안 하는 것도 많은 문제를 만들어 내고 있다. 우스갯소리라고 생각하고 싶지만, 대학생 아들의 수강신청을 대신 해주는 어머니가 있는가 하면, 해외 장학생을 선발하는 단체에 본인들이 아니라 어머니들이 몰려와 선발방법을 물어보고 난리를 피우더라는 말을 들은 일도 있다. 아들이 진급시험에 떨어졌다고 어머니가 아들 다니는 회사에 쫓아가 항의를 하는 사례도 있다는 말을 들었다.

아들이 취업이 안 되거나 명퇴를 당하여 집에 틀어박혀 있을 경우 그에 대한 부모들의 대응방법도 문제이다. 자녀들을 자립시킬 수 있는 근본적인 노력을 하기보다는 대책 없이 부양만 하는 부모가 대부분이다. 어쩌면, 사회가 냉혹하기 때문에 부모라도 돌볼 수밖에 없다고 생각하는지도 모른다.

노후설계 관련 강의를 하면서 이런 부모들의 문제점을 이야기하면 반론을 제기하는 부모도 있다.

"그렇게 해서라도 내 아들은 공부 잘하니까 걱정할 게 없다고 생각하는데요?"

과연 그럴까? 그렇지 않은 사례가 너무나 많다.

그 한 사례. 한 기업에서 국제비즈니스 부서를 신설하고 국내 명문대학을 나와 해외유학까지 한 인재들을 고액연봉으로 스카우트해 왔다. 4년 정도 했는데 비즈니스가 잘 되지 않았다. 비즈니스 사이클이 너무 짧기 때문이다. 결국 그 부서를 해체시키기에 이른다. 문제는 스카우트되어 온 친구들이다. 마땅히 갈 데가 없다는 것이다. 게다가 4년 동안 고액연봉을 받아온 게 화가 될 수도 있다. 영원히 고액연봉을 받을 수 있을 것으로 착각하여 생활수준, 소비수준만 높아져 있고 저축이 없기 때문이다. 아이들 학원 가서 배우던 것을 선생님을 집에 모셔다 배우게 하고, 일류호텔 헬스클럽 회원권 사고, 골프 치고… 그런데 저축해둔 돈은 없다. 이런 자녀들이 실직해서 부모를 어렵게 만드는 것이다.

자녀에게 경제적 자립교육을

결국 노후대비와 관련하여 몇 억 원의 노후자금을 마련하는 것보다 더 중요한 것은 자녀에 대한 자립교육이라는 결론에 이른다. 부모가 먼저 이 시대에 맞는 자녀교육 방법에 대해 제대로 배우고 자녀들에게도 교육을 시켜야 한다. 그중에서도 가장 중요한 것은 '경제적 자립교육'이다. 여기에서 말하는 경제적 자립이란, 돈 버는 능력만을 배양하는 교육을 뜻하는 것이 아니다. 주어진 경제적 상황에 자기 자신을 맞추어 넣는 능력을 기르는 것이 더 중요하다. 이것도 이론적인 교육만이 아니라 일상생활에서 실천해 나가도록 습관화시키는 교육이다.

자녀들에게 올바른 직업관을 심어주는 노력 또한 중요하다. 이와 관련해서는 한 지방 명문고교에서 가르치고 있는 직업선택 10 계명을 참고할 만하다. 그 첫째는 '월급이 적은 쪽을 선택하라'는 것이다. 앞으로는 월급을 회사에서 주고 나라에서 준다는 생각을 버려야 한다. 지금과 같은 100세시대에는 남과 차별화된 주특기가 있어서 적은 금액이라도, 회사를 옮겨서라도 월급을 오래오래 받을 수 있어야 한다.

'남들이 앞다투어 모여드는 곳은 절대 가지 말라'는 계명도 있다. 그런 직장은 주식으로 말하면 주가가 천장 근처에 와 있다는 증거다. 언제 급락할지 모른다. 실제로 매년 가을 입사경쟁률 200:1, 300:1로 화제가 되고 있는 대기업에서 최근 들어 40~50대 직원을 몇 백 명씩 명예퇴직을 시킨다는 뉴스를 들은 일도 있다.

'부모나 아내나 약혼자가 결사반대하는 곳이면 틀림없다. 무조건 가라'는 계명도 있다. 언뜻 들으면 어이없는 계명이라는 생각도 든다. 그러나 나의 46년 가까운 직장생활 경험으로 보면 이 말이 맞는 것 같다. 문제는 말이 쉽지 이런 직업관을 갖는 게 어떻게 가능하겠느냐는 것이다. 부모와 자녀가 제대로 된 교육을 받아 공통된 인식과 소신을 갖고 있지 않으면 불가능하다고 해야 할 것이다.

자녀들에게 시켜야 하는 진짜 교육

많은 사람들이 중산층이 되기 위해 애를 쓴다. 그렇다면 어떤 사람이 중산층인가? 우리나라의 중산층 기준을 살펴보면 남의 눈을 의식한 내용이 대부분이다. 예를 들어 '30평 이상의 아파트 보유'가 기준 중의 하나이다. 아파트 평수가 신분의 상징인 것이다. 그러나 최근 미국이나 일본 등의 선진국에서는 작은 집 갖기 운동, 즉, 스몰하우스 운동이 벌어지고 있다.

2000cc 이상의 자가용 보유 기준도 그렇다. 선진국에서는 갑자기 큰 차를 타면 깡패 아니면 졸부라고 비웃음의 대상이 된다고 한다. 실제로 해외에 가 보면 대부분의 사람들이 소형차를 타고 다니는 것을 볼 수 있다.

반면에, 미국의 중산층 기준을 보면, 그 사람이 얼마나 내면으로 성숙된 사람인가에 관련된 내용이다. 자신의 주장에 떳떳할 것, 페어플레이를 할 것, 사회적 약자를 도울 것, 부정과 불법에 저항하는 용기를 가질 것, 그리고 정기적으로 비평지 하나를 받아 볼 것 등이다. 10억 원 상당의 재산이 있더라도 이러한 기준에 미달하면 중산층이 아니라는 것이다.

한국과 미국의 중산층 기준

한국의 중산층	미국의 중산층
• 30평대 이상 아파트 • 월 급여 500만 원 이상 • 2000cc 이상 자가용 • 1억 원 이상 예금 잔고 • 연 1회 이상 해외여행 <div align="right">– 직장인 대상 설문조사</div>	• 자신의 주장에 떳떳하다 • 페어플레이를 한다 • 사회적 약자를 돕는다 • 부정과 불법에 저항하는 용기가 있다 • 정기적으로 비평지를 받아본다 <div align="right">– 공립학교에서 가르치는 기준</div>

자녀들에게 시켜야 하는 진짜 교육은 무엇일까? 국어, 영어, 수학? 영어나 수학은 잘하지 못해도 살아갈 수 있다. 그러나 돈 관리나 경제적 자립을 모르면 평생을 고생한다. 몇 년 전 책을 쓰며 조사해보니 미국의 고등학교 교과서에는 경제적 자립에 대한 내용이 43페이지나 나왔다. 우리나라의 경우 몇 페이지 되지도 않는데, 선택과목이라 수능에서 선택을 안 하면 배우지도 않는다. 수능에서 경제 과목을 선택하는 학생이 2.5%밖에 안 된다는 기사를 본 적이 있다. 배우질 않으니 대학을 나와도 저축과 투자가 어떻게 다른지를 모른다. 미국에서는 중학교만 제대로 나오면 아는 것을 말이다.

학교에서 가르치지 않으면 집에서라도 가르쳐야 한다. 그래야 자녀도 건강하고 독립적으로 교육시킬 수 있고, 그렇게 절약한 돈으로 본인들의 노후준비를 할 수 있다.

리스크를 현명하게 관리하는 법을 가르치자

초등학교 4학년 담임을 맡고 있는 한 선생님으로부터 깜짝 놀랄 말을 들은 일이 있다. 4학년 어린이들을 대상으로 '장래희망이 뭐냐'고 조사를 해봤더니 60%가 '공무원'이라고 대답을 하더라는 것이다. 이러다가는 5100만 국민 모두가 공무원을 희망하는 세상이 될 지도 모르겠다는 생각이 들었다. 아이들이 뭘 알아서 공무원이라고 대답했겠는가? 부모들, 특히 어머니들의 교육 때문일 것이다. '위험한 데 가면 안 된다', '안정된 직장에 들어가야 된다' 등. 모든 게 불안한 사회가 되다 보니 안정을 최우선시하는 사회 풍조가 확산되고 있다.

46년 가까운 나의 금융투자업계 경험을 돌이켜 보면, 십 수 년 전까지만 해도, 중년 이상의 우리나라 어머니들이 세계 어느 나라 어머니들보다도 용감(?)했었지 않았나 하는 생각이 든다. 시가 10억 원대의 아파트를 절반 이상 단기 부채를 안고 거침없이 매입하는가 하면, 큰돈 벌 수 있다는 말만 믿고 퇴직금을 털어 변동성 큰 주식에 용감하게 투자하는 사례도 자주 볼 수 있었다. 물론 그런 용감한 행동으로 손실을 보기도 하고 큰돈을 번 사례도 많았다.

그런데 지난 몇 년 전부터 이렇게 용감했던 어머니들에게 눈에 띄게 큰 변화가 나타나고 있다. '위험한 남자(결혼상대로) 만나지 마라', '위험한 회사 들어가지 마라', '위험한 투자상품 사지 마라', '위험한 일 시작하지 마라' 이런 말들을 너무 많이 듣는다. 위험회피증에 걸린 게 아닌가 하는 생각이 들 정도이다. 차라리 무모했던 시절에 더 희망이 있었지 않았나 하는 생각까지 하게 된다.

리스크의 어원은 '용기를 갖고 도전하다'는 뜻이다

우리 어머니들이 왜 이렇게 약해졌을까? 본인이나 주위사람들에게서 용감하게 투자했다가 큰 손실을 보거나, 결혼에 실패를 하거나, 멀쩡한 직장에서 명예퇴직을 당하는 등의 사례를 너무 많이 보았기 때문이 아닐까?

여기에서 우리가 분명하게 인식해두지 않으면 안 될 게 있다. 결혼에서, 직장에서, 투자에서 실패를 했다면 그것은 위험한 결혼상대, 위험한 직장, 위험한 투자상품이었기 때문이 아니다. 리스크가 따르는 결혼을, 취업을, 투자를 했는데 리스크 관리를 제대로 하지 못해서 실패한 것이다.

흔히들 리스크(Risk)라고 하면 '위험(危險)'이라는 말로 쉽게 번역해서 쓴다. 주식이나 펀드처럼 가격이 떨어져 손해를 볼 수 있는 상품을 위험한 상품이라고 부르는 이유다. 그래서 '가격하락=위험'이 연상되어 부정적인 생각이 앞선다. 여기에서 위험의 정확한 영어표현은 '데인저(Danger)'이다. 홍수 나서 죽을 위험, 폭탄 터져 죽을 위험의 '위험'을 뜻하는 것이다.

위험과 리스크 다가오는 불확실한 상황을 의미하지만, 리스크는 '관리가 가능하다'는 속성이 있다. 예를 들어 리스크가 따르는 상품의 하나인 주식에 투자하면 손해를 볼 수도 있지만 잘만 관리한다면 높은 수익을 낼 수도 있다. 이게 바로 리스크의 속성이다.

문제는, 앞으로 다가오는 시대에는 결혼을 하는 데에도, 직업을 선택하는 데에도, 자산운용을 하는 데에도, 리스크를 적극적으로 받아들이되 현명하게 관리하는 방법을 배우지 않고는 풍요로운 인생을 살 수 없다는 것이다.

예를 들어, 종신고용제가 유지되고 평균수명이 짧았던 시절에는 안정된 직장에서 정년까지 근무할 수 있는 남성이 훌륭한 결혼 상대자였다. 그러나 앞으로는 안정된 직장이라고 생각하고 들어

갔는데 어느 순간 그 직장이 불안정한 직장으로 바뀌는 경우를 얼마든지 볼 수 있게 될 것이다. 그렇게 될 경우 그곳에 있던 직장인들의 운명은 어떻게 될 것인가? 시대의 변화에 적응하지 못한 채 경쟁력을 잃고 더 큰 어려움을 당할 수도 있을 것이다. 차라리 처음부터 리스크를 안고 도전해 나가겠다는 직장관을 갖는 것이 현명한 선택이라고 해야 할 것이다. '불확실성 속에서 생존할 수 있는 역량과 경쟁력을 기를 수 있는 직장이 곧 좋은 직장'이라는 인식 전환이 필요하다. 또 그렇게 도전해 나갈 수 있는 직장인이 훌륭한 배우자감이다.

자산운용의 세계에서도 마찬가지이다. 과거와 달리 지금과 같은 2% 금리시대에는 손실을 입을지도 모르는 리스크가 두려워, 금융기관이 원리금을 책임져주는 예금만 해서는 높은 수익을 낼 수가 없다. 높은 수익을 내려면 용기를 갖고 공부를 해서 가격변동의 리스크가 큰 투자상품도 이용할 수 있어야 한다.

리스크의 라틴어의 어원은 '용기를 갖고 도전하다'이다. 지금과 같이 불확실한 시대에 부모세대들에게 꼭 필요한 것은, 자녀들을 안전하게 보호해야 한다는 생각보다는, 자신들도 자녀들도 용기를 갖고 리스크에 도전하되 현명하게 관리하는 방법을 가르치는 일이 아닐까 생각된다.

3장

노후 최소생활비는
3층연금으로

재테크보다 연금공부를 먼저

우리가 복지선진국이라고 하면 대부분의 가정이 노후자금으로 몇 억 원씩 보유하고 있는 나라라고 생각하기 쉬운데 그렇지 않다. 세상을 떠날 때까지 최소생활비 정도를 연금으로 받을 수 있도록 되어 있는 나라가 복지선진국이다. 예를 들어, 일본 내각부가 주요국의 '노후주요수입원'을 조사한 자료에 의하면, 미국, 일본, 독일 같은 복지선진국의 경우 60~80%를 차지하고 있는 게 공적·사적연금이다. 우리나라에서 노후주요수입원이 '공적·사적연금'인 가정은 15% 정도에 지나지 않는다. 공무원, 교직원 등만이 여기에 해당되기 때문이다.

그렇다면 우리나라 가정의 노후주요수입원에서 가장 큰 비율을

차지하는 건 무엇인가? 1980년도 조사에서는 '자녀·친척의 도움'
이었다. 72%를 차지했었다. 이 비율이 최근의 조사에서는 20% 정
도로 낮아졌다. 아마도 10년 후쯤 이 조사를 다시 하면 우리나라도
이 비율이 선진국처럼 0~2% 수준으로 내려갈 것이다. 선진국 어
느 나라를 봐도 노후 주생활비를 자녀에게 의존하는 나라가 없다.
우리나라 또한 자녀들의 경제사정으로 보나 의식구조로 보나 앞으
로 자녀들의 부양을 기대하기 어려울 것이다.

선진국의 노후 주요 수입원

(단위: %)

	한국		미국	일본	독일
	1980	현재			
자녀의 도움	72	20~30	0.7	1~2	0.4
공적·사적 연금	0.8	15~20	60~70	60~70	80~90
기타	27	50~60	30~40	30~40	10~20

수명이 길어진 것도 큰 이유다. 1960년 기준 우리나라 어머니
들의 평균수명은 54세였다. 2017년 기준 여성의 평균수명은 86세
다. 무려 32년이나 늘어났다. 1960년대까지만 해도 수명이 짧았
기 때문에 노부모 부양기간은 평균 5년 정도였다. 이것이 앞으로
오는 100세시대에는 20~25년으로 늘어날 것이다. 노인이 노인을
부양해야 하는 시대가 오고 있는 것이다. 노인이 된 자식에게 어떻
게 노부모가 생활비 지원을 기대할 수 있겠는가?

100세시대에는 부동산이나 목돈보다 매월 얼마씩의 연금수입이 훨씬 소중하다는 인식 또한 중요하다. 주위에서 보면 제법 많은 노후자금을 모아두었는데도 돈을 쓰지 못하는 분들이 많다. 노후자금의 수명이 자신의 수명보다 길어야 하는데 세상 떠나기 전에 노후자금이 바닥나면 어떻게 할까 하는 불안감이 있기 때문일 것이다. 이럴 때 세상을 뜰 때까지의 최소생활비 정도를 연금으로 받을 수 있도록 보장되어 있다면 얼마나 안심이 되겠는가?

앞으로 노후자금 설계는 '3층연금'으로 시작하자.

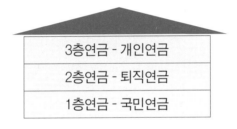

| 3층연금 - 개인연금 |
| 2층연금 - 퇴직연금 |
| 1층연금 - 국민연금 |

3층연금 중에서 가장 기본이 되는 것은 국민연금이다. 2017년 말 현재 414만 국민연금 수령자의 평균 수령액은 부부기준 월 88만 원이다. 반면, 50세 이상 퇴직예정자 및 퇴직자가 생각하는 노후적정 생활비 평균은 월 237만 원. 월 150만 원 정도가 부족하다. 예를 들어, 퇴직연금과 개인연금으로 월 50만 원, 부동산임대 수입 월 50만 원, 금융자산 배당 및 이자수입 월 20만 원, 근로소득으로 월 150만 원 정도를 얻을 수 있다면 모아둔 노후자금은 헐어 쓰지

않아도 된다. 이렇게 해서 노후자금을 헐어 쓰는 시기를 가능한 한 뒤로 미룰 수 있다면 그만큼 노후자금 수명은 길어진다. 3층연금의 역할이 이렇게 중요하다.

그런데도 대부분의 우리나라 직장인들은 자신이 가입하고 있는 연금에 대해 거의 관심을 기울이고 있지 않다. 국민연금과 퇴직연금은 급여에서 자동이체가 된다. 개인연금 또한 친지의 권유로 마지못해 가입했거나 연말 세액공제 혜택을 받으려고 서둘러 가입하는 사례가 많다. 게다가 연금수령은 먼 훗날의 일이다. 그러다 보니 자신의 연금에 대해 가입 전에도 가입 후에도 진지하게 고민하고 공부를 하지 않는 것이다. 그래서는 안 된다. 3층연금이 자신의 노후생활에 얼마나 큰 영향을 주는가를 확실하게 인식하여 관심을 갖고 공부해야 한다.

직장인들이 해야 할 연금 공부

1. 노후자금마련과 연금의 중요성

100세시대에 후반인생을 설계하는데 있어서 연금이 얼마나 중요한 역할을 하는가에 대한 공부를 해야 한다.

2. 연금의 종류와 각 연금이 갖고 있는 특색

기본적인 연금이라 할 수 있는 국민연금, 퇴직연금, 개인연금은 물론, 이들 3층연금만으로 부족할 경우에 활용하는, 즉시연금과 주택연금·농지연금에 대한 공부도 필요하다.

3. 연금세제

퇴직급여를 일시에 받을 경우와 연금으로 나누어 받을 경우, 일반적인 펀드투자와 연금펀드에 투자할 경우, 개인연금의 세액공제 혜택을 받을 경우와 연금소득세 비과세 혜택을 받을 경우 등 상황에 따라 각각 부과되는 세금에는 큰 차이가 난다. 어느 쪽이든 자신에게 유리한 방법을 택할 수 있도록 연금세제에 대한 기본적인 공부를 해야 한다.

4. DB(확정급여)형과 DC(확정기여)형의 장단점

DB형은 나중에 받게 되는 연금수령액이 확정된 연금이고, DC형은 연금수령액이 운용결과에 따라 달라지는 연금이다. 임금상승률과 연금운용 수익률, 임금피크제 및 연봉제의 실시 여부, 급여변동성의 정도 등에 따라 DB형이 유리할 수도, DC형이 유리할 수도 있다. 따라서 어느 쪽을 선택하는 것이 자신에게 유리한 지를 알아두어야 한다.

5. 연금자산 운용

DB형의 경우에는 받는 금액이 확정된 연금이기 때문에 일단 가입을 하고 나면 다른 고민을 할 필요가 없다. 그러나 DC형의 경우에는 운용결과에 따라 연금수령액이 달라질 뿐 아니라 그 결과에 대한 책임을 가입자 자신이 진다. 따라서 원리금 보장상품에 운용할 것인지 실적배당상품에 운용할 것인지, 100% 국내에만 투자할 것인지 국제분산투자를 할 것인지, 국제분산투자를 한다면 어느 지역의 어떤 상품에 투자해야 할 것인지, 연령대에 따라 운용상품 중 공격적인 투자상품의 비중은 어떻게 조정할 것인지에 대한 공부가 필요하다. 또한, DC형 상품은 어떻게 운용하느냐에 따라 성과가 달라지기 때문에 실력 있는 운용사를 고를 수 있는 안목을 키우지 않으면 안 된다. 현역 시절에 이상 몇 가지에 대한 공부를 제대로 했느냐, 안 했느냐에 따라 노후자금마련에 큰 차이가 난다는 점을 명심하자.

02

국민연금을 잘 활용하는 것이 먼저다

앞에서 언급한대로 3층연금 중에서도 가장 기본이 되는 1층은 국민연금이다. 국민연금은, 정부가 직접 운영하는 공적연금제도로, 국민 개개인이 소득활동을 할 때 납부한 보험료를 기반으로 하여 나이가 들거나, 갑작스런 사고나 질병으로 사망 또는 장애를 입어 소득활동이 중단된 경우 본인이나 유족에게 지급되는 연금이다. 가입이 법적으로 의무화되어 있고 영리를 추구하지 않는다는 점이 사(私)보험과 다르다. 또한 관리운영비의 상당 부분이 국고에서 지원되는 만큼 가입자에게 유리한 연금제도이다.

그런데 안타깝게도 이 사실을 잘 모르는 국민들이 많다. 국민연금은 평균적으로 총 납부액의 약 1.7배를 받아가도록 설계되어 있다. 문제는 너무 후하기 때문에 제도 개혁이 없이 갈 경우 기금이 고갈될 수밖에 없는 한계를 갖는다는 점이다. 이 때문에 젊은 세대는 정작 자신이 연금을 받을 때가 됐을 때 재원이 떨어질까봐 크게 불안해하고 있다. 국민연금 개혁에 대한 논의가 자꾸 벌어지는 이유는 바로 이 때문이다. 기성세대는 연금개혁에 거부감을 갖기 마련이지만 개혁이 늦어질수록 후세대가 점점 더 큰 부담을 떠안아야 한다. 결국엔 국민적 합의를 통해 세대 간 형평성을 맞추는 방향으로 개혁이 이뤄질 것으로 예상된다. 물론 이 과정에서 지급조건이 나빠지거나 연금보험료가 오르는 것은 피할 수 없는 수순일 것이다. 개혁과 별도로 연금 관리를 맡고 있는 국민연금공단도 수익률 개선을 위해 치열하게 노력해야 할 것이다. 평균수익률이 1%포인트 높아지면 고갈시점이 6년 늦춰지고, 1%포인트 떨어지면 4년 빨라진다는 연구결과도 있다.

기대여명까지만 살 수 있다면
국민연금은 늦게 받을수록 유리하다

국민연금은 종신지급되기 때문에 장수리스크에 가장 적절히 대응할 수 있는 연금이다. 또 언제부터 받느냐에 따라 총 수령액에 큰 차이가 날 수 있다. 몇 살까지 생존하느냐도 변수가 된다. 실제 사례를 살펴보면서 이런 국민연금의 특성을 자신에게 유리하도록 활용할 방안을 생각해보는 것이 좋다.

현재 만 40세 된 여성이 국민연금에 가입하여 60세까지 20년간 보험료를 월 27만 원씩 낸다고 가정해보자.

> 정상 수급연령인 65세부터 노령연금을 받기 시작
> → 매월 100만 원, 기대여명대로 88세까지 산다면 총 2억 7600만 원 수령
>
> 사정이 어려워 5년 일찍 60세부터 조기노령연금을 받기 시작
> → 매월 70만 원, 88세까지 받는다면 총 2억 3520만 원 수령
>
> 여유가 있어 5년 연기했다가 70세부터 노령연금을 받기 시작
> → 매월 136만 원, 88세까지 받는다면 총 2억 9376만 원 수령

기대여명까지만 살 수 있다면 늦게 받을수록 유리하다는 것을 알 수 있다. 연기연금이 조기연금보다 6000만 원 가까이 많이 받는다. 생각보다 장수하여 기대여명보다 5년 긴 93세까지 생존한다면 어떻게 될까? 생애 총 수령액을 따져보면, 60세부터 일찍 받으면 2억 7720만 원, 65세부터 제 나이에 받으면 3억 3600만 원, 늦춰서 70세부터 받으면 3억 7536만 원이 된다. 오래 살면 살수록 연기연금과 조기연금의 차이는 점점 더 벌어진다는 계산이 나온다. 연기연금을 선택하면 정상연금보다 4000만 원, 조기연금보다

1억 원 가까이 더 받게 된다. 생존기간 동안 계속해서 연금을 지급하는 특성으로 인한 현상이다.

하지만 현실은 놀랍게도 조기연금 수령자의 수가 연기연금에 비해 30배가 넘는다. 물론 여기에는 많은 이유가 있을 것이다. 당장 생활비가 급해 버티지 못하거나, 조기 사망으로 본전도 챙기지 못할 것 같은 조바심에 일찍 받는 쪽을 선택할 수도 있다. 어쩌면 먼저 쓰고자 하는 유혹에 져 미래의 큰 수익을 포기하는 것일 수도 있다. 실제로는 절반 이상의 사람이 기대여명을 넘겨 산다는 점, 일찍 받은 연금으로 투자를 했다 해서 수령액 차이만큼 수익을 내기가 결코 쉽지 않다는 점 등을 고려하면서 선택하는 게 좋을 것이다.

국민연금 의무가입 대상이 아닌 전업주부나 18세 이상의 학생이 임의가입제도를 활용하는 방법도 생각해 볼 수 있다. 국민연금은 국가가 주는 혜택이므로 여력만 있다면 가입을 피할 이유가 없기 때문이다. 국민연금 임의가입자 수는 2017년에 32만 명을 넘었고 2018년에는 8월까지만으로도 34만 명을 넘어섰다. 국민연금에는 소득재분배 기능이 있다는 점 또한 알아둘 필요가 있다. 국민연금공단의 2018년 예상연금액표로 계산해 보면 매달 30만 원의 보험료를 내는 가입자와 매달 3만 원을 내는 가입자의 30년 후 연금수령액은 3배 차이도 나지 않는다. 보험료 납입금은 10배 차이인데도 말이다. 보험료를 적게 내는 쪽이 상대적으로 훨씬 큰 수익을 가져가는 것이다. 임의가입 시 납부액을 결정하기 전에 참고할 만한 사항이다.

이직이나 휴직 등으로 국민연금 보험료 납부를 유예했던 기간이 있다면 이를 채우는 추후납부제도를 활용해서 가입기간을 늘릴 수도 있다. 그 밖에도 과거에 받은 반환일시금을 다시 납입하는 반납제도도 있다. 이런 제도들을 최대한 활용한다면 가입기간이나 적립금을 상당히 늘릴 수 있다.

2008년 1월 1일 이후부터는 두 명 이상의 자녀를 출산했을 경우 가입기간을 12개월에서 최대 50개월까지 인정해주는 출산 크레딧과, 6개월 이상 군 복무 시 가입기간 6개월을 추가로 인정해주는 군 복무 크레딧도 부여하고 있다. 가입 중에 질병이나 사고로 장애를 입을 경우에는 장애연금을, 사망하는 경우에는 생계를 함께한 가족이 유족연금을 받을 수도 있다.

내가 져야 할 책임을 누군가에게 지게 하고 싶지만 세상에 그런 방도는 없다. 기존 제도를 잘 활용해서 스스로 노후준비를 할 수밖에 없다는 사실을 하루 빨리 깨닫는 게 중요하다. 그 첫 번째가 바로 국민연금이다.

03

퇴직연금은 기업이 주는 중요한 복지제도

2층연금에 해당하는 퇴직연금은 정부가 국민의 노후대비라는 짐의 일부를 기업에게 맡기기 위해 시작된 제도이다. 앞서 밝힌대로 국민연금은 받는 입장에서는 대단히 유리한 제도인 반면, 제도 개혁이 없이는 기금이 고갈될 수밖에 없는 운명을 지니고 있다. 또 세대 간, 빈부 간 이해관계가 복잡하게 얽혀 있기도 하다. 따라서 규모를 키우기가 매우 힘들게 되어 있다. 국민들의 부족한 은퇴소득을 퇴직연금이 보완하지 않으면 안 되는 이유다. 선진국의 사례를 봐도 마찬가지다.

○ 퇴직연금의 2가지 유형

- **DB(확정급여)형** 회사가 책임지는 제도이다. 기존의 퇴직금제도와 유사하다. 퇴직하기 직전 3개월의 평균 월급에 근속연수를 곱한 금액을 퇴직급여로 받게 된다. 정해진 액수의 퇴직급여를 지급해야 할 의무를 기업이 지는 것이어서 근로자 입장에서는 따로 신경 쓸 일이 없다. 대부분의 근로자들이 DB형을 선호하는 이유가 여기에 있다. 퇴직할 때까지 꾸준히 급여가 인상되고 정년이 보장되면서 기업이 망하지 않는다면 근로자 입장에서는 마다할 이유가 없는 방식인 것이다.

- **DC(확정기여)형** 근로자가 책임지는 제도이다. 회사는 매년 약 한 달치 급여를 근로자의 퇴직계좌에 적립해주면 의무가 끝난다. 적립금의 관리와 운용 책임은 근로자 스스로 져야 한다. 이렇게 근로자 각자가 관리하다가 퇴직 시에 그동안 운용한 성과를 확인하게 되는데 같은 날 입사해 같이 진급했어도 수익률을 잘 관리한 직원과 그렇지 않은 직원 간에 퇴직급여 금액의 격차가 크게 벌어져 있을 수 있다.(개인형퇴직연금인 IRP도 넓은 의미의 DC형에 포함)

사실 국가도 온전히 부담하기 어려운 책임의 일부를 기업에게 넘긴 것인데, 기업이 이를 전적으로 감당하기를 기대하기는 어려울지 모른다. DC형은 기업이 책무의 일부를 근로자에게 전가하는 것으로 볼 수도 있다. 기업이 영속하리라는 확신도 없고 얼마가 될지 모를 퇴직급여의 지급을 보장하기도 어려운 일이므로 퇴직연금의 주류는 DB형에서 DC형으로 점차 옮겨가게 될 것으로 보인다. 그런데 DC형은 가입자 교육이 매우 중요하다. 기업이 근로자에게 책임을 떠넘긴 대신, 근로자가 연금자산을 운용하는데 필요한 지식을 얻을 수 있도록 연금교육을 시켜야 할 의무가 있는 것이다.

안타깝게도 대부분의 기업은 법률로 규정된 수준의 교육을 형식적으로만 진행하고 있다. 그러나 앞으로는 기업이 적극적으로 근로자의 노후자산 형성을 위한 교육에 나서야 할 것이다. 퇴직연금교육에 들이는 시간을 비생산적이라고 여기기보다는 기업의 이익에 부합한다는 인식이 필요한 것이다. 노후에 대한 불안이 큰 근로자들에게 높은 생산성을 기대하기 힘들기 때문이다. 교육을 통해 운용 지식을 쌓고 그 결과로 퇴직연금의 수익률이 높아져 노후가 안정된다면 이는 근로자의 생산성 향상으로 연결될 것이다. 근로자 또한 충분한 교육 시간을 확보해주고 교육의 질을 높여달라고 경영진에게 강력하게 요청해야 한다. 연금자산의 운용수익률을 높이는 것이 급여인상 이상의 복지 혜택이라는 사실을 노사가 함께 깨달아야 한다.

퇴직연금의 장점 - 세제혜택

1. 경영성과급을 DC형 퇴직계좌에 넣어두면 당장 소득세를 내지 않고 퇴직 시에 퇴직소득세만 내면 된다. 소득세에 비해 퇴직소득세가 상대적으로 훨씬 저율이기 때문에 세금을 아끼는 효과가 생긴다.

2. 이직 시에 받은 퇴직급여를 IRP(개인형퇴직연금)에 넣어 두었

다가 만 55세 이후에 5년 이상의 기간에 걸쳐 연금으로 받으면 퇴직소득세의 30%를 감면받는 효과가 생긴다. 그뿐만 아니라 연금으로 받으면 세금을 여러 해에 걸쳐 분납하는 이득까지 얻는다.

3. 자발적으로 IRP에 납입한다면 세액공제 혜택을 받을 수 있다. 세액공제의 한도는 세제적격개인연금인 연금저축과 합산하여 매년 700만 원까지다. 특히 2017년 7월부터는 기존의 퇴직연금 가입 사업장의 근로자뿐만 아니라 자영업자, 공무원, 교사, 군인도 IRP에 가입할 수 있게 되었다.

4. 퇴직연금계좌에서 발생하는 운용 수익에 대해서는 매년 과세되지 않고 인출할 때 한꺼번에 과세되므로 운용수익의 복리효과가 극대화된다. 동일한 수익률이라도 매년 세금을 떼는 금융상품에 비해 적립금이 불어나는 속도가 현저히 빠를 수밖에 없다.

퇴직연금을 다른 용도로 쓰지 않도록 참는 노력 또한 필요하다. 대부분의 근로자가 직장을 옮길 때 대출을 갚거나 생활비 용도로 퇴직연금을 써버리고 있다. 퇴직연금은 현역 시절에 쓰라고 쌓아둔 게 아니다. 이직할 때는 일단 퇴직급여를 IRP에 옮겨서 절세혜택을 챙기면서 소비자금화 되지 않도록 최대한 노력해야 한다. 그리 많지 않은 액수라 할지라도 은퇴 후 연금을 받을 때 얻는 심리적인 안정감이 생각보다 크다는 걸 하루빨리 깨달아야 한다.

개인연금은 내 노후의 마지막 보루

국민연금 가입자라면 퇴직연금은 2층, 개인연금은 3층에 해당한다. 개인연금은 퇴직연금과 묶어 사적연금으로 분류된다. 공무원, 사립학교 교사, 군인이라면 특수직역연금이 국민연금과 퇴직연금을 합친 역할을 한다. 따라서 2층연금 체계를 갖게 된다. 이와 같이 2층 또는 3층의 다층연금 체계를 채택한 의미를 이해하고 자신의 상황에 맞춰 준비를 하는 게 필요하다.

개인연금은 노후 대비를 각자의 자유로운 의사에 맡기자는 취지에서 시작되었다. 아무리 좋다고는 하나 국민연금과 퇴직연금은 강제성이 있다 보니 항상 다수의 반발에 부딪치곤 한다. 개인연금은 가입여부를 순수하게 개인의 자율에 맡긴다. 평안한 노후를 준비하려는 생각이 있다면 자신의 의지에 따라 가입하라는 것이다. 본인의 노후는 다른 누구도 아닌 본인 스스로 책임지는 것이라는 생각의 발현이다. 자발적으로 자신의 노후를 준비하는 사람은 결국 복지에 들이는 국가의 세출을 크게 줄여주기 때문에 정부 입장에서는 도와줄 필요가 있다. 개인연금에 이런저런 크고 작은 세제 혜택을 주는 이유는 바로 이 때문이다.

○ 개인연금의 과세별 분류
- 세제적격연금
- 세제비적격연금(10년 이상 유지 시 비과세 혜택이 주어지는 연금보험)

조세 당국이 세액공제 혜택을 부여한 연금이 세제적격연금인데 '연금저축'이 이에 해당된다. 반면 10년 이상 유지 시 비과세 혜택이 주어지는 연금보험이 대표적인 세제비적격연금이다. 금융감독원에 따르면 2016년 3분기 기준으로 세제적격연금의 비중은 38%, 세제비적격연금은 62%로 전체 합계는 310조 원 정도로 추정된다. 연금세제에 대해 깊이 알면 알수록 이런 종류의 연금이 어떤 금융상품보다 자산증식에 유리한 수단임을 알게 된다. 연금저축은 수령 전과 후에 모두 상당한 절세 혜택이 있다.

연금저축 납입 시 세제 혜택

연금저축 가입자는 연금저축계좌에 그해 납입한 금액의 400만 원까지 최대 16.5%의 세액공제를 받을 수 있으므로, 이 한도만큼은 반드시 채우는 게 좋다. 만약 연봉이 5500만 원을 초과하면 세액공제율은 13.2%로 조금 낮아진다.

고령화사회에서 연금은 매우 중요한 수입원 중 하나다. 최근 들어 공적연금만으로는 노후 생활비가 부족할 수밖에 없다는 인식이 확산됐기 때문인지 개인연금 하나쯤은 가입하겠다는 사람이 늘고 있다. 그런데 연금을 받을 때에도 세금이 있다는 것을 모르는 사람이 많다. 세금을 줄이기 위해서는 먼저 과세 방식을 잘 이해해야 한다. 만약 납입할 때 소득·세액공제 혜택을 받았다면, 수령할 때 세금을 낸다고 생각하면 쉽다.

세제비적격연금은 전액 비과세 대상이므로 세금에 대해 따로 신경 쓸 것이 없다. 다만, 가입 후 10년 이상 유지하여야만 비과세 혜택을 받을 수 있다는 것만 기억하면 된다. 문제는 그동안 소득·세액공제를 받았던 연금저축이다. 수령할 때, 경우에 따라 분리과세가 될 수도 있고 종합과세가 될 수도 있다. 소득·세액공제를 받은 원금과 그 수익금을 연금으로 받을 때 연간 수령액이 1200만 원을 넘지 않으면 저율의 연금소득세로 분리과세가 된다. 세율은 나이에 연동해 차례대로 낮아진다. 55세부터 연금을 받기 시작했다면

69세까지는 5%, 70세부터는 4%, 80세부터는 3%의 세금을 떼는 식이다. 그런데 연금액이 연간 1200만 원을 초과하면 전액 종합과세 대상으로 전환된다. 연금소득 이외 다른 소득도 많다면 누진율이 적용되는 종합소득세의 특성상 세금은 급격하게 늘어난다.

교사나 공직자처럼 공적연금이 많거나 사업·근로소득이 많은 경우 연금저축마저 종합과세 대상이 될까봐 걱정하기도 한다. 이는 소득·세액공제를 받는 것보다 수령 시 비과세를 선호하는 이유가 된다. 그러나 특수한 경우를 제외하면 소득·세액공제의 세금 절감효과가 훨씬 크다. 우선 연금을 장기간에 걸쳐 받으면 연금액을 연간 1200만 원 이하로 낮추기가 어렵지 않다. 설사 종합과세 되더라도 연금소득은 공제가 많아 실효세율은 심지어 연금 소득세율보다 더 낮을 가능성이 크다. 따라서 세제적격인 연금저축을 우선 순위로 가입하고 남는 돈이 있다면 세제비적격인 저축성보험을 가입하는 것이 낫다.

다들 자율에 맡기면 알아서 준비할 것 같지만 실제 결과는 그렇지 않다. 현재 우리나라 국민의 노후대비 현황을 보면 개인연금 가입 실태가 얼마나 부실한지 금방 드러난다. 노후가 되면 누구나 준비하지 않은 걸 후회하게 된다. 문제는 젊을 때 이 사실을 미리 깨닫는 사람이 극소수라는 점이다.

4장

노후자금 마련과
금융자산 운용

부동산에 편중된 자산구조, 문제는 없는가?

중년 이후 퇴직을 의식해야 할 나이가 되면 우리 집의 재무상태를 한 번쯤 확인해 봐야 한다. 가정의 자산구조를 파악해야 제대로 자산관리를 할 수 있기 때문이다. 그런데 우리나라 가정의 자산구조를 살펴보면 대부분 비슷한 문제를 안고 있다.

바로 가계자산의 대부분이 부동산으로 이루어졌다는 점이다. 극단적으로 말하면 가진 게 집 한 채뿐이라는 것이다. 우리나라 전체 가정의 총자산 구조를 살펴보면 부동산이 74%, 금융자산이 26%를 차지하고 있다. 60대 이상 가정의 경우에는 부동산이 81%, 금융자산이 19%로 훨씬 더 심각하다. 미국 가정의 부동산 비중은 30%, 금융자산 비중이 70%인 것과 큰 차이를 보인다. 일본의 경우에는 시사하는 바가 더욱 크다. 일본도 1990년에는 부동산 비중이 60%로 현재 우리나라와 비슷했다. 그러나 30여년 사이에 부동산 비중이 29%로 떨어져 미국과 비슷한 수준이 되었다.

한국·미국·일본 가계의 부동산과 금융자산 비율

(단위: %)

국가		부동산	금융자산
한국 (2017년)	전체 평균	74	26
	60대 이상 가정	81	19
미국	(2016년)	30	70
일본	(1990년)	60	40
	(2015년)	29	71

(자료: 한국은행 가계금융복지조사(2017), 미국FRB 'Flow of Funds'(2016), 피델리티 일본투자자교육연구소(2015))

지난 30여년 사이에 일본의 가계자산 중 부동산 비중이 이렇게 낮아지고 금융자산 비중이 높아진 이유로 크게 다음 3가지를 들 수 있을 것이다.

1. 부동산 가격이 버블경제 붕괴 이후 크게 하락했다.
2. 집에 대한 인식이 바뀌었다. 과거와 달리 "집 없으면 어때? 빌려 살면 되지"라고 생각하는 일본인이 늘어났다.
3. 여분으로 갖고 있는 상가나 집을 세 놓는 경우, 세입자가 월세를 내지 않아도 세입자를 함부로 내보낼 수 없다.

선진국일수록 세입자의 권리가 너무 세기 때문에 내보내려면 소송까지 가야 한다. 따라서 보통의 경우는 실물로 부동산에 투자하기보다는 '부동산에 투자하는 펀드'에 투자하는 경우가 많다. 즉, 간접투자를 하는 것이다. 최근 들어 우리나라 역시 부동산펀드가 늘고 있다. 그런데, 부동산펀드는 펀드이기 때문에 금융자산에 포함된다. 미국과 일본의 가계자산 중 금융자산비중이 70%대인 것은 부동산에 전혀 투자하지 않는 게 아니라, 상당 부분을 간접투자인 부동산펀드로 갖고 있기 때문이다. 우리나라도 이런 방향으로 가고 있는 것이다.

우리나라도 부동산 가격이 양극화되어 가면서 일본과 같은 문제를 겪게 될지도 모른다. 단기 부동산 가격전망은 경제 외적인 요인도 많이 작용되기 때문에 예측이 쉽지 않다. 영향력 있는 정책당국자의 말 한마디에 가격이 급등락하는 게 시장이다. 따라서, 여기에서는 많은 분들이 부동산에 대해 지금까지 갖고 있던 인식 중 바꿨으면 하는 점을 2가지만 이야기하고 싶다.

부동산에 대한 인식을 바꾸자

부동산과 관련하여 바꿔야 할 인식은

첫째, 이 국제화된 시대에는 땅도 얼마든지 간접적으로 수입할 수 있다는 점이다.

우리나라는 땅이 좁은 나라다. 따라서 다소 비싸게 사더라도 기다리고 있으면 언젠가는 오를 테니 '땅에 묻어두는 게 최고다'라는 생각을 가질 수밖에 없다. 나의 고향 친구 중에도 일찍 땅을 팔아 서울로 올라온 친구들은 어렵게 사는데, 그냥 시골에 머물렀던 친구들은 땅값이 올라 부자가 된 경우가 많다.

그러나 오늘과 같이 국제화된 시대에는 땅도 간접적으로 수입해 올 수 있다. 이것을 첫 번째로 경험한 나라가 영국이다. 영국에서는 18세기 후반에 땅값이 오르다가 정부가 밀 수입을 자유화하면서 상황이 바뀌었다. 먹는 밀을 국내가격의 1/2~1/3가격으로 싸게 수입해 온다는 것은 간접적으로 땅을 싸게 사오는 효과가 있다는 인식이 퍼지면서 영국의 땅값이 급락했다.

이웃나라 일본도 최근 수십 년 사이에 그런 경험을 했다. 예를 들어, 일본 전국 상업용지의 1974년도 평균치를 100으로 한 지가지수가 1991년 피크 때 272까지 상승했다. 문제는 그 전이다. 1970년대 초 다나카 가쿠에이라는 수상이 일본열도 개조론을 부르짖으면서 일본 전국의 땅값이 폭등했다. 과거 우리나라 정부에서 지방의 행복도시, 혁신도시 정책을 폈을 당시의 땅값 상승과 비슷한 현상이었다. 이렇게 오른 땅값이 80년대 일본의 버블경제로 이어지면서 계속 올랐다.

1991년 일본 땅값이 최고점을 찍을 무렵 어느 일본 지인으로부터 들은 이야기다. 일본 도쿄 중심가의 왕궁이 있는 치요다구를 당시 시세로 팔면 그 돈으로 캐나다 땅 전체를 살 수 있다는 것이다. 땅값이 얼마나 비싸면 서울의 종로구와 같은 도쿄 시내의 '구' 하나를 팔아 캐나다 땅을 통째로 살 수 있었을까. 그러나 1991년 272까지 올랐던 일본의 지가지수는 90년대 이후 계속 하락하여 2016년에 70까지 떨어졌다. 일본 버블경기 붕괴가 직접적인 원인이지만 땅도 간접적으로 수입해 올 수 있다는 인식의 확산이 더 근본적인 원인이다.

이 점은 우리나라도 마찬가지다. 해외에서 쌀을 싸게 사오면 김제평야, 평택평야 땅값이 떨어진다. 또 해외에서 소고기를 싸게 사오면 대관령 땅값이 떨어진다. 최근 인도, 중국, 베트남 등에서 공장부지를 무상으로 제공하겠다며 우리나라 기업들에게 러브콜을 보내고 있다.

예를 들어 기흥에 있는 삼성전자가 통째로 중국으로 옮겨가지 말란 법은 없다. 경쟁력이 떨어지면 충분히 그럴 수 있다. 만약 삼성전자와 그 계열사가 떠난다면 기흥의 땅값은 어떻게 되겠는가? 얼마 전에는 '부자도시 울산의 몰락'이라는 기사를 읽은 일이 있다. 현대자동차, 현대중공업 등이 어려워지면서 울산의 땅값, 집값이 떨어지고 있는 상황을 보도한 것이다. 어느 도시에 시민의 노력으

로 기업이 진출해오고 인구가 늘어나면 그 도시의 땅값이 오를 수
는 있다. 그러나 우리나라는 땅이 좁으니까 기다리면 오른다는 생
각은 버려야 한다.

둘째, 주택에 대한 인식을 바꿀 필요가 있다.

나이가 환갑쯤 되어 자녀들이 결혼해 나가면 그들이 다시 들어
와 살 가능성은 매우 낮다고 봐야 한다. 몇 년 전에 서울시에서 65
세 이상 부부를 대상으로 조사한 자료를 보았다. '두 분 중 한 분이
돌아가시고 혼자가 되면 다시 자녀들과 같이 살겠는가?'라는 질문
에 같이 살겠다는 대답은 20%밖에 안 되었다. 응답자의 50%는 자
녀들과 멀지 않은 곳에서 혼자 살겠다, 30%는 실버타운 같은 노인
전용시설로 가겠다고 답했다. 무려 80%의 응답자가 자녀들이 안
살아 주는 게 아니고 본인들이 불편하여 혼자 살겠다고 한 것이다.

결국 자녀들과 같이 살다가 다 떠나면 부부 둘만 남는다. 그중
한 사람이 아픈 부부간병기를 거친다. 이어서 마지막 남은 한 사람
도 아프다가 떠나는 마지막 단계가 온다. 약 30년 사이에 이런 일
들을 겪게 되는 것이다. 그 과정에서 나는 어디서 누구와 어떻게
살 것인가에 대해 미리 생각해보고 대책을 세울 필요가 있다. 현재
우리나라에는 100세 이상 된 분들(100세인)이 4800명쯤 계신다고
한다. 옛날의 100세인은 대부분 경치 좋고 공기 좋은 시골에서 살

았다. 그러나 지금은 어떤가? 100세인의 절반 정도는 요양병원에 계신다. 자신은 안 갈 거라 생각하겠지만 결코 마음대로 되지 않을 것이다.

노후에 대형·고층 아파트, 문제는 없는가?

그러나 주위에서 보면 많은 사람들이 오히려 자녀들이 결혼할 때쯤 되면 큰 집으로 이사를 가려고 한다. 사돈네 보기에 폼도 나고 과거에는 재테크도 가능했기 때문이다. 남의 이야기가 아니다. 나도 그런 경험을 했다. 2002년에 딸을 결혼시켰는데, 그 전해인 2001년에 아내가 큰 집으로 이사를 가자고 했다. 그래야 아이들이 와서 자고 간다고 말이다. 그러나 요즘 같은 시대에 젊은 부부가 친정이나 시부모 집에 와서 자고 갈 일이 얼마나 있겠는가.

노후의 이런 변화는 주택가격에도 많은 영향을 주고 있다. 지금까지는 희소가치 때문에 대형아파트 가격이 많이 올랐다. 그러나 지금은 상황이 많이 달라지고 있다. 2017년 말 현재 우리나라는 5100만 인구에 가구수는 1967만 가구이다. 그중 1인 가구와 2인 가구를 합친 비율이 1980년도만 해도 15%밖에 되지 않았다. 당시에는 가족수가 많았기 때문이다. 이것이 2017년에는 55%로 늘었고, 2045년에는 71%까지 늘어날 것으로 예상된다.

이웃나라 일본은 이미 몇 년 전에 60%를 넘었다. 일본도 우리나라도 대부분의 가정이 혼자 아니면 둘만이 사는 시대가 오고 있다. 그런데도 여전히 재건축을 하면 몇 평이 늘어나는 지에만 관심을 가지는 것이 문제다.

노후에 고층아파트에 사는 게 문제는 없는지도 생각해 볼 필요가 있다. 요즘은 지방에도 고층아파트가 많이 생기고 있다. 얼마 전 어느 지방에 갔다가 허허벌판에 고층아파트가 세워져 있는 것을 보고 땅이 모자란 것도 아닌데 이 넓은 땅에 왜 높은 아파트를 지었는지 의아했다. 주민들이 높은 곳에 살고 싶다고 항의한 결과라는 우스갯소리를 듣기는 했지만, 나이가 들어 고층아파트에 사는 문제는 한번쯤 신중하게 생각해볼 필요가 있다.

7년쯤 전 이야기다. 오하라 레이코라는 일본의 국민배우가 사망한지 사흘 후에 발견되어 일본 매스컴에 소동이 난 일이 있다. 주변 사람과 단절된 채 홀로 쓸쓸히 사망하는 것을 고독사라고 한다. 일본 어느 현(도)의 뉴타운 단지 하나를 조사해보니 과거 3년 동안 고독사한 사람이 25명이었고, 이들이 사망 후 발견될 때까지 걸린 시간은 평균 21.3일이었다고 한다. 그중 1/3은 60세 이상 고령자였다.

왜 이런 일이 벌어졌을까? 사람들이 들락날락하는 집에 살지 않기 때문이란다. 요즘처럼 자식들과 같이 살지 않는 시대에는 이웃

집만 한 복지시설이 없다. 그런데 30층, 40층에서 혼자 또는 둘이 살고 있으면 찾아올 사람도 많지 않을 것이다. 몇 년 전 일본의 투자 전문가가 서울의 고층아파트를 둘러보며 "한국도 십 몇 년이 지나면 초고령사회가 될 텐데, 그때 저기 살고 있는 노인분들은 어떻게 될까?" 이렇게 말하는 걸 들은 일이 있다.

얼마 전에는 '빅데이터를 통해 본 일본 부동산시장의 전망'이라는 자료를 읽은 일이 있다. 그 자료에 의하면, 일본의 노후화된 아파트가 재건축을 못해서 슬럼화가 되고 있다는 것이다. 일본에서는 아파트를 구분소유주택이라고 부른다. 구분소유주택을 재건축하려면 주민의 80%가 찬성해야 한다. 우리나라도 비슷한 규정이 있다. 그런데 대부분 노인들은 귀찮은 걸 싫어하고 또 재건축 해봤자 우리나라와 달리 집값도 오르지 않으니 찬성하지 않는다. 그래서 대부분 재건축을 못하고 있고, 그나마 지금까지 재건축에 성공한 아파트의 80%는 지진이 나서 무너진 곳이라고 한다. 재건축하려고 지진 나기를 기다릴 수도 없는 게 아닌가. 그런데 이게 남의 일이 아니다. 우리도 마찬가지다. 서울은 재건축을 허가해달라고 난리지만, 지방에 가 보면 일본 사정과 다르지 않다. 한번쯤 생각해 볼 필요가 있는 문제인 것이다. 이 때문에 최근 일본에서는 나이가 들어 부부 둘만 남거나 혼자가 되면 18~20평 크기에 병원, 문화시설, 쇼핑센터가 가까운 시내 거주시설에 사는 게 유행이라고 한다.

어느 한곳에 보유자산이 집중되어 있으면 안 된다

여기까지 이야기하면 집을 팔아 다른 곳에 투자하라는 뜻으로 받아들이는 분들이 많다. 그러나 단기적인 부동산 가격 전망은 누구도 쉽게 예측할 수 없다. 정리해보면, 투자에는 리스크가 따른다. 따라서 어느 한곳에 보유자산이 집중되어 있어서는 안 된다. 갖고 있는 재산이 100% 부동산에 편중되어 있다면 그 부동산 가격이 오를 때 오를망정 그중의 10~20%라도 금융자산에 분산시켜야 한다. 그리고 나이가 들수록 금융자산의 비중을 높여 가야 한다. 그 결과, 50~60대가 되면 부동산과 금융자산의 비율이 50:50은 되어 있어야 한다. 이것이 여기까지의 결론이다.

'노후자금 마련'은 펀드투자로

주식 직접투자로 노후자금을 마련해 보겠다며 조언을 요청하는 분들이 있다. 그러나 나는 특별한 경우가 아니면 일반투자자들의 주식 직접투자는 바람직하지 않다고 조언한다. 개인이 단기주가를 예측하고 종목을 고른다는 것이 말처럼 쉽지 않기 때문이다. 물론 직접투자에서 성공하는 경우가 없는 것은 아니지만 그런 사람들은 대부분 전문투자자에게 가까운 사람들이다. 따라서 일반투자자에게는 펀드투자로 금융자산을 운용하라고 조언한다.

펀드란 한마디로 '일반투자자로부터 자금을 모아 전문가가 대신 운용해주는 제도'라고 할 수 있다. 펀드와 같은 뜻으로 쓰이고 있는 용어로는 '수익증권', '간접투자상품', '투자신탁' 등이 있다. 그렇다면 주식, 채권 개별종목에 직접투자하는 것보다 왜 펀드에 투자하는게 좋다는 것인가?

1. 개별종목을 고르기 위해 고민할 필요가 없다.

펀드운용회사의 펀드매니저들이 투자자를 대신하여 끊임없이 보유종목을 점검하고 유망종목을 발굴하여 운용성적을 올리기 위해 노력을 해주기 때문이다.

2. 소액의 자금으로도 고가주에 투자할 수 있다.

한 주에 몇 백만 원이 넘는 주식을 펀드를 통해서는 만 원 이하의 단위로도 투자할 수 있다. 또한 일반인으로서는 조사, 분석이 불가능한 해외의 주식이나 채권에도 투자할 수 있다.

개인투자자에게는 자신의 직업에 충실하기 위해서라도, 전문가가 대신 운용해주는 펀드투자가 바람직하다. 나의 경우도 46년 가까이 금융투자업계 종사해왔지만 증권저축계좌로 주식 개별종목에 투자하던 것을 몇 년 전부터는 하지 않고 있다. '개별종목을 쫓아다닐 시간에 본업에 충실한 편이 낫다'는 생각이 들었기 때문이다.

그런데 문제는 펀드에 투자하는 방법이다. 과거에도 몇 번의 펀드투자붐이 있었지만, 대부분의 개인투자자들이 펀드투자에서 성공을 거두지 못한 것은, 단기 시황전망을 근거로 충동투자를 했기 때문이 아니었나 생각된다. 주가상승국면의 막바지에 주가가 오른다는 말만 듣고 펀드를 샀다가, 주가 하락에 놀라서 서둘러 팔아버린 경우가 대부분이었다.

물론 주가가 바닥 수준에 이르렀을 때 주식형 펀드에 투자했다가 천장 수준에 이르기 직전에 팔아버리는 것만큼 좋은 투자방법은 없을 것이다. 그러나 그렇게 한다는 것이 현실적으로 불가능하다. 주가는 오를 때는 한없이 오를 것 같고, 떨어질 때는 한없이 떨어질 것처럼 보이기 때문이다. 따라서, 우리보다 먼저 이런 투자방식에서 실패를 경험한 선진국의 투자자들에게는 '소액투자는 적립식으로, 목돈투자는 포트폴리오를 짜서 투자하는 방식'이 정착되어 있다.

'종잣돈 마련'은 적립식투자로

먼저 적립식투자에 대해 소개하겠다.

> **○ 적립식투자**
>
> 적금을 붓듯이 정기적으로(보통은 매월) 일정 금액으로 펀드를 매입해 나가는 방법
> - 임의적립식 투자 – 투자기간이나 금액을 정하지 않고 투자자금이 생기는 대로 투자
> - 목적적립식 투자 – 투자기간 또는 금액을 미리 정해놓고 투자

수년 전에 유행했던 '○억 만들기 펀드'처럼 적립식투자를 위해 별도로 만들어진 펀드도 있지만, 이미 판매되고 있는 일반 펀드 중에서 유망하다고 생각되는 펀드를 투자자 스스로 골라 적립식으로 투자해 나가는 방법도 있다. 그럼 적립식투자의 매력은 무엇인지

차근차근 살펴보자.

1. 목돈이 없어도 투자가 가능하다.

투자에는 '자산형성을 위한 투자'와 '자산운용을 위한 투자'가 있다. 자산형성이란 지금부터 시간을 두고 자산을 쌓아가는 것을 말한다. 자산형성을 하려는 사람은 아직 수중에 운용할 만한 자산이 많지 않기 때문에 이제부터 자산을 만들어 가야 한다. 반면에 자산운용은 이미 어느 정도의 자산이 있어서 그것을 어떻게 하면 더 늘리고 지켜나갈 것인가에 목적을 두고 투자하는 방법이다. 따라서 적립식 펀드투자는 지금부터 자산형성을 해나가려고 하는 젊은 세대에게 알맞은 투자방법이다.

2. 시간분산 투자다.

우리는 투자에 따르는 리스크를 관리하기 위해 분산투자를 한다. 분산투자에는 몇 개 종목에 나누어 투자하는 '종목 분산투자'와 투자시기를 나누어서 투자하는 '시간 분산투자'가 있다. 매월 일정액씩 투자하는 적립식 펀드투자는 그중에서 시간 분산투자의 한 방법이다. 매일매일 거르지 않고 20~30분씩 정기적으로 하는 운동이 일주일에 한두 번 몰아서 하는 운동보다 몸에 좋은 것처럼 거액의 자금을 불규칙적으로 투자하는 것보다 정기적으로 일정액씩 시간 분산투자를 하는 것이 성공확률이 높다.

3. 평균투자 단가를 싸게 할 수 있다.

이것을 전문용어로는 '달러코스트(dollar-cost) 평균법'이라 한다. 정해진 간격으로 동일한 금액을 투자하게 되면 주가가 쌀 때는 많은 수량의 펀드를 살 수 있고, 주가가 오르면 살 수 있는 펀드의 수량이 줄어들게 된다. 이런 투자방법으로 펀드 한 단위당 평균 매입 단가를 낮출 수 있다. 또한 시장의 매매타이밍, 다시 말하면 언제 사서 언제 팔아야 되는 지에도 신경 쓸 필요가 없게 된다. 적립식 투자의 가장 큰 장점은 바로 이 달러코스트 평균법에 있다.

하루하루 상황에 휘둘리지 마라

어떻게 하면 적립식 펀드투자에서 성공을 거둘 수 있을까? 좋은 운용회사의 좋은 펀드를 골라 적립식 펀드투자를 시작한 후에는 단기적인 시황변동에 좌우되지 않고 당초에 계획했던 기간 동안 꾸준히 투자를 계속해 나가는 것이 무엇보다 중요하다.

투자를 시작하고 몇 달이 지나서 주가가 떨어져 투자원금을 밑도는 경우도 발생할 수 있다. 이를 보고 놀라서 중도에 해약해 버리는 투자자도 많다. 그러나 이런 방식으로는 투자에 성공할 수 없다. 흔들림 없이 장기투자를 하는 것만이 성공의 지름길이다.

'목돈'은 포트폴리오 방식으로 투자하라

적립식으로 몇 년 동안 투자하여 목돈을 마련한 경우에는 그 목돈을 그대로 방치해두어서는 안 된다. 투자방식을 포트폴리오 방식으로 바꾸어야 한다.

이태리어로 '종이를 운반하는 도구'라는 뜻을 지닌 포트폴리오는 원래는 서류를 끼우는 '폴더(folder)'라는 뜻으로 사용되어 왔다. 이것이 금융시장에 도입되어 '보유 유가증권 일람표'라는 뜻으로 변한 것이다. 포트폴리오는 '각종 투자상품을 넣어두는 그릇'이라고 생각하면 된다. 이 그릇 속을 들여다보면 현재 자신이 어떤 상품을 얼마나 보유하고 있고, 또 어떤 상품을 보유하고 있지 않은지를 알 수 있다.

포트폴리오를 짜는 과정에서 전문가의 도움을 받는 게 좋지만, 최종적인 결정은 투자자 자신이 해야 한다. 모든 사람에게 맞는 프리 사이즈의 포트폴리오는 있을 수 없기 때문이다.

물론 할 수만 있다면 주가가 상승하기 직전에 주식형 펀드의 비중을 크게 높였다가 하락 직전에 줄이고, 상승이 예상될 때 다시 늘이는 것이 가장 이상적인 전략일 것이다. 그러나 아마추어 개인투자자가 단기시황을 전망한다는 것은 말처럼 쉽지 않다. 이 때문에 대부분의 선진국 투자자들은 자신의 '형편'에 맞는 포트폴리오를 짜고, 시황전망에 관계없이 이를 관리해 나감으로써 자신이 목표로 하는 자산을 쌓아가고 있는 것이다. 여기에서 말하는 투자자의 형편이란 '투자자의 나이, 재산상태, 가족상황, 투자성향, 투자기간 등'을 말한다.

자신의 형편을 고려하여 포트폴리오를 짜자

'노년층의 투자자'는 주식형의 비중이 낮은 보수적인 포트폴리오를 짜야 한다. 투자기간이 길지 않기 때문이다. 하지만 같은 노년층이라도 공무원연금이나 교원연금 등을 받을 수 있는 투자자는 그렇지 못한 투자자보다 공격적인 포트폴리오를 짤 수 있다. 최저 생활자금은 보장받고 있기 때문이다.

'재산이 많은 투자자'는 그렇지 못한 투자자보다 공격적인 포트폴리오를 짤 수 있다. 투자에 실패하더라도 남는 재산이 있을 것이기 때문이다. 재산 상태가 비슷한 경우라도 공무원이나 교직원처럼 안정적인 직업을 가진 투자자는 증권사 직원이나 스포츠 선수와 같이 연수입의 변화가 심한 투자자보다 다소 공격적인 포트폴리오를 짜도 된다. 본업소득이 안정되어 있어서 어느 정도의 리스크는 부담할 수 있기 때문이다.

'투자자의 가족상황'도 포트폴리오에 영향을 준다. 1년 후에 결혼할 딸이 있는 투자자는 혼수비용에 해당하는 금액 정도를 단기 금융상품으로 갖고 가는 것이 바람직할 것이다.

'투자자의 성향' 또한 중요하다. 보수적인 성격의 투자자는 공격적인 포트폴리오를 짜지 않는 것이 좋다. 주가급락 국면을 만나게 되면 크게 충격을 받기 때문이다.

'투자 자금을 쓰는 시기'도 포트폴리오를 짜는데 중요한 변수이다. 1~2년 후 주택 구입에 쓸 자금이라면 20~30년 뒤에 쓸 노후대비자금보다는 보수적인 포트폴리오를 짜서 운용해야 한다. 투자 기간이 짧기 때문이다.

증권사나 은행 등의 펀드 판매회사에 가면 이상의 내용을 설문 응답의 형식을 통해 투자자의 형편을 측정해 준다. 이를 통해 자신의 형편을 측정해보고 그에 맞는 포트폴리오를 짜면 될 것이다.

○ 주식형 펀드 vs 채권형 펀드 vs CMA

주식형 펀드

대부분(일반적으로 60% 이상)의 자산을 주식에 운용하는 펀드이다. 주식은 어느 회사의 주인이라는 증서이다. 그 회사의 재무내용이나 수익성에 따라 크게 오를 수도 있고, 떨어질 수도 있다. 공격적으로 운용하는 펀드라 할 수 있다.

채권형 펀드

주식에는 일절 운용하지 않고 채권이나 CP(신종기업어음)와 같은 확정금리 상품에 주로(일반적으로 60% 이상) 운용하기 때문에 주식형 펀드보다는 원금손실의 리스크가 덜한 펀드이다. 물론 채권형 펀드도 채권이 부도가 나거나 금리가 크게 오르면 원금손실을 볼 수도 있다.

CMA(Cash Management Account: 종합자산관리계좌)

기간이 짧은 채권 등에 운용하기 때문에 수익률은 낮지만 예외적인 경우를 빼고는 원금손실의 가능성이 거의 없으며, 은행예금처럼 수시로 입·출금을 할 수 있는 펀드이다. 보통예금처럼 이용할 수 있으면서 수익률은 보통예금보다 높은 단기금융상품이다.

○ 펀드 포트폴리오의 사례

- **원금중시형** : 예금 · CMA 50%, 채권형 40%, 주식형 10%
- **이자·배당 중시형** : 예금 · CMA 25%, 채권형 50%, 주식형 25%
- **이자·배당 및 시세차익 절충형** : 예금 · CMA 10%, 채권형 50%, 주식형 40%
- **시세차익 중시형** : 예금 · CMA 5%, 채권형 30%, 주식형 65%
- **시세차익 추구형** : 예금 · CMA 5%, 채권형 20%, 주식형 75%

정기적으로 포트폴리오를 점검하라
- 실패하지 않는 포트폴리오 관리법

자신의 형편에 맞는 포트폴리오를 짜고, 그 포트폴리오에 들어갈 우량펀드를 고른 뒤에는 그 펀드를 구입해 나가야 한다. 이 과정에서 또 하나 염두에 두어야 할 것은 한꺼번에 매입할 것인지, 아니면 일정기간을 두고 분산 매입할 것인지를 정하는 일이다.

채권형과 CMA의 경우에는 단기간에 커다란 시황변동이 없을 것이기 때문에 일시에 매입해도 크게 상관이 없다. 그러나 주식형 펀드는 경우가 조금 다르다. 주가가 단기간에 급등할 것이라는 확신을 갖고 있다면 한꺼번에 매입해도 상관없지만, 그런 확신이 없을 경우에는 일정기간을 두고 분할 매입해 나가는 게 좋다.

주식형 펀드는 나누어 사라

예를 들어, 총 3억 원의 투자자금 중에서 70%에 해당하는 2억 1000만 원을 주식형 펀드에 넣으려고 결심했다면, 첫날에는 2000~3000만 원어치만 매입하는 게 좋다. 나머지 금액은 CMA에 넣어두고 일정기간 후, 예를 들어 2주 후에 2000~3000만 원, 또 2주 후에 같은 금액을 매입해 나가도 좋다. 아니면 한 달 간격으로 일정액씩 매입해 나가도 좋다. CMA에 넣어두면 수익도 나지 않고 손해가 아니냐고 생각하는 사람들이 많지만 그렇지 않다. CMA도 훌륭한 투자상품으로 보통예금만큼 유동성이 높으면서 수익률은 보통예금금리보다 높기 때문이다.

이런 식으로 매입하게 되면 포트폴리오를 완성하는 데 몇 개월이 걸릴 수도 있다. 몇 개월이 지나고 보니 그 사이에 주가가 많이 올라서, 이럴 바에는 처음에 한꺼번에 전액을 매입하는 게 좋지 않았을까 후회할 수도 있다. 반대로 몇 개월 지나고 보니 주가가 많이 떨어져, 이럴 줄 알았더라면 참고 기다렸다가 나중에 다 살 걸 하고 아쉬워할 수도 있다. 그러나 몇 개월 후의 주가가 어떻게 될지 예측한다는 것은 말처럼 쉽지 않다.

세계적인 펀드매니저들의 말을 들어보아도 몇 개월 후의 주가는 어떻게 될지 모른다고 한다. 때문에 전문가들도 '저평가된 종목을 골라 제값을 받을 때까지 장기투자하겠다'고 말하는 경우가 대부분인 것이다. 따라서 일반투자자가 큰 금액의 주식형 펀드를 매입할 경우에는 기계적으로 분할하는 것이 무난하다.

6개월에 한 번씩 포트폴리오를 재조정하라

자신의 형편에 맞게 포트폴리오를 짜서 개별펀드를 매입해 넣은 후에는 포트폴리오가 제대로 유지, 관리되고 있는지를 정기적으로 점검해 나가야 한다. 점검 주기는 3개월, 6개월 또는 1년 등으로 투자자 스스로가 정한다. 우리나라의 경우에는 여러 가지 상황을 종합해 볼 때 6개월에 한 번 정도씩 점검하는 것이 좋지 않을까 한다. 나도 6개월에 한 번씩 포트폴리오를 점검하고 있다.

○ 포트폴리오의 재조정과 재배분

재조정
- 당초의 자산배분 계획대로 포트폴리오 비율 유지
- 정기조정, 정률조정

재분배
- 시장환경, 자신의 형편 등이 변할 경우 자산배분 계획 자체를 변경
- 시황전망을 고려할 경우와 중립으로 할 경우

예를 들어 주식형 펀드 50%, 채권형 펀드 40%, CMA 10%의 포트폴리오를 가진 투자자가 있다고 하자. 투자를 하고 6개월이 지난 후에 포트폴리오를 점검해본 결과, 그 사이에 주가가 크게 올라

50%였던 주식형 펀드 비중이 65%로 늘어나고, 채권형과 CMA를 합한 금액의 비중은 35%로 줄어들었다. 이 경우에는 주식형의 늘어난 비중 15%를 매각하여 비중이 줄어든 채권형과 CMA로 옮겨 놓는다. 이것을 '포트폴리오의 재조정'이라고 한다.

주식형　　채권형　　CMA·예금

50% + **40%** + **10%**

↓ 6개월 후 시가를 평가해본 결과 주가 상승으로 주식형
　 펀드의 비중이 65%로 늘어났다.

65% + **28%** + **7%**

↓ 포트폴리오의 재조정
　 (주식 초과분 매각, 채권과 CMA·예금 부족분 보충)

50% + **40%** + **10%**

↓ 다시 6개월 후 시가를 평가해본 결과 주가 하락으로
　 주식형 펀드의 비중이 40%로 줄어들었다.

40% + **48%** + **12%**

↓ 포트폴리오의 재조정
　 (채권과 CMA·예금 초과분 매각, 주식 부족분 보충)

50% + **40%** + **10%**

⋮ 포트폴리오의 재배분이 있을 때까지 계속

왜 포트폴리오를 재조정하는가? 주가가 너무 올라서 떨어질 것으로 보기 때문인가? 물론 그런 효과가 없는 것은 아니지만 재조정을 한 뒤에 주가가 꼭 떨어진다는 법도 없다. 예상과는 달리 계속 오를 수도 있다. 그렇게 되면 재조정을 한 것보다는 안 한 것이 오히려 더 높은 수익을 가져다 줄 것이다.

'수익'보다는 '리스크'를 줄이는 포트폴리오 재조정

그런데도 왜 포트폴리오를 재조정하는가? 포트폴리오의 리스크를 줄이기 위해서이다. 주식형의 비중이 65%로 늘어났다는 것은, 50%를 적정 비중으로 생각하는 중년 투자자에게 리스크가 높은 포트폴리오로 바뀐 것이다. 따라서 시황전망과는 관계없이 중년 투자자에게 맞는 포트폴리오로 되돌려 놓아야 한다.

다시 말하면 포트폴리오의 재조정이란 수익성 향상을 위해서라기보다는 포트폴리오의 리스크를 줄이기 위한 것이다. 이를 또 다른 말로 표현한다면 자산배분의 왜곡을 시정하기 위한 것이라고도 할 수 있다.

포트폴리오를 재조정하는 방법에 '시간'을 기준으로 점검하는 '정기조정법'만 있는 것은 아니다. 당초의 자산배분비율에서 사전에 정해둔 비율, 예를 들어 5% 또는 10% 이상의 차이가 발생했을 때 원래의 비율로 되돌려 놓는 방법도 있다. 이른바 '정률조정법'이다. 정률조정법은 시장의 변화에 임기응변으로 대응할 수 있고, 당초의 자산배분비율에서 괴리율이 지나치게 커지는 것을 방지할 수 있다는 점에서 정기조정법보다 효과적이다.

다만 이 경우 자산배분비율의 변화 즉, 시황변동에 계속 주의를 기울여야 한다. 본업을 가진 투자자에게는 상당한 부담이 될 수 있다. 따라서 평상시에는 정기적으로 조정을 해나가다가, 9·11테러나 북한의 핵실험 사태 등으로 시황이 급변하는 상황이 발생하면 일시적으로 정률조정법을 택할 수도 있다. 미리 정해둔 재조정 시기가 되지 않았더라도 포트폴리오를 점검해보고 원래 비중과 지나치게 동떨어져 있다면 그 시점에서 재조정을 하는 것이다. 정기조정법과 정률조정법의 절충방식이라고 할 수 있다.

불량펀드를 솎아내고 우량펀드로 교체할 기회

포트폴리오를 관리할 때 또 하나 중요한 것은 포트폴리오에 편입된 펀드의 운용이 불량해질 경우 그 펀드를 제외시켜 나가는 작업이다. 처음에는 우량펀드라고 생각하여 포트폴리오에 넣었지만 시간이 흐르면서 펀드의 내용에 문제가 생길 수 있다. 이때는 다른 우량펀드로 과감히 교체해야 한다.

투자한 펀드를 도중에 바꾸는 것은 장기투자의 원칙에 반하는 게 아니냐고 할 수도 있다. 그러나 그렇지 않다. 장기투자란 같은 상품을 계속 보유해 나가는 것이 아니고, 자신의 투자목적에 맞는 포트폴리오를 계속 보유해 나가는 것이기 때문이다.

따라서 전문가의 도움을 받아 포트폴리오에 편입된 펀드의 운용성적, 운용회사의 운용철학 등을 수시로 점검해보고 불량화된 펀드를 발견했을 때는 즉시 같은 유형의 우량펀드로 교체해야 한다.

포트폴리오의 재배분

이렇게 6개월에 한 번씩 포트폴리오를 재조정하면서 몇 년이 지나다 보면 재산 상태나 가족상황 등 자신의 '형편'에 변화가 생길 수 있다. 리스크를 감당할 수 있는 정도가 바뀐다는 뜻이다. 유산상속으로 생각지 않았던 재산이 생길 수도 있고, 직장이 바뀌면서 월급이 늘거나 줄어들 수도 있다. 1년 후에 집을 살 계획이 생기거나 자녀가 결혼을 하여 목돈이 필요하게 될 수도 있다. 경제적인 상황뿐만이 아니다. 나이가 들면서 투자기간이 줄어드는 것 또한 커다란 형편의 변화이다.

60세가 되어 정년퇴직을 한 투자가에게 주식형 비중 50%는 리스크가 큰 포트폴리오가 될 수 있다. 따라서 자신의 리스크 허용도를 재확인하고, 보수적인 포트폴리오로 바꾸어야 한다. 이렇게 자신의 형편이 바뀜에 따라 그에 맞도록 포트폴리오 자체를 바꾸는 것을 '포트폴리오의 재배분'이라고 한다.

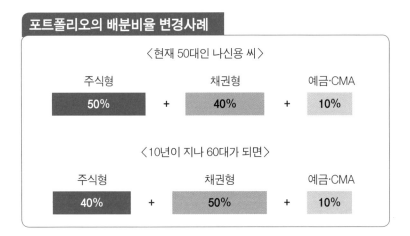

포트폴리오의 배분비율 변경사례

〈현재 50대인 나신용 씨〉

주식형		채권형		예금·CMA
50%	+	40%	+	10%

〈10년이 지나 60대가 되면〉

주식형		채권형		예금·CMA
40%	+	50%	+	10%

　포트폴리오의 재배분은 자신의 리스크 허용도에 영향을 줄 만한 일이 생겼을 때, 가령 취직이나 결혼, 출산, 자녀의 입학·취직·결혼, 주택구입, 정년퇴직 같은 굵직한 일이 생겼을 때 한다. 이외에 돌발적인 사고로 투자자 자신의 수입·지출 및 연봉, 자산액 등이 바뀌었을 때에는 리스크 허용도를 다시 특정하여 자신의 형편에 맞는 포트폴리오를 짜야 한다. 포트폴리오의 재배분은 재조정에 비해 고려해야 할 요소도 많고, 시간이 필요한 작업이기 때문에 몇 년에 한 번씩 하게 된다.

　선진증시의 투자자들은 오랜 경험을 통해 이런 방식으로 5년, 10년 간 장기투자를 하는 것이 시황전망을 근거로 자주 사고파는 것보다 결과적으로 훨씬 높은 수익을 얻을 수 있다는 것을 깨달았다. 주가가 오를 것 같으니까 주식형 펀드를 사고, 주가가 떨어질 것 같으니까 팔아버리는 식으로 투자하지 않는다. 그들은 자신의 인생설계에 맞는 펀드 포트폴리오를 짠 뒤 정기적으로 이 포트폴리오를 재조정하고, 자신의 형편이 바뀌었을 때는 포트폴리오를 다시 배분하는 방식으로 투자한다.

분산투자는 하락국면에서 위력을 발휘한다

앞에서 말한 대로 나는 6개월마다 포트폴리오를 재조정한다는 원칙을 정해놓고 있다. 6개월 동안 주가가 올라 주식형 펀드가 차지하는 비중이 늘었을 경우에는 늘어난 비중만큼을 팔아 채권형과 CMA로 옮긴다. 또, 주가가 떨어져 주식형의 비중이 줄었을 때에는 채권형·CMA의 비중이 그만큼 늘었을 것이기에 그 부분을 팔아 줄어든 주식형으로 옮겨준다.

주가가 올랐을 때는 앞으로 떨어질 가능성이 크다고 보고 재조정을 하는 게 아니다. 주가가 떨어졌을 때에도 앞으로 오를 것이라는 예상하에 재조정을 하는 것도 아니다. '투자상품의 가격변화로 리스크가 너무 큰 포트폴리오로 바뀌었거나 너무 보수적인 포트폴리오로 바뀌었기 때문에, 내 형편에 맞는 원래의 포트폴리오로 바꾸어 놓는다'는 생각에서 재조정을 하는 것이다. 그러나 주가상승 국면에서 주식을 팔아 비중을 줄인다는 게 말처럼 쉽지 않다. 앞으로 주가가 더 오를지도 모르는데 미리 팔면 손해 보는 게 아닌가 하는 생각이 들기 때문이다.

예를 들어, 포트폴리오를 짜서 투자를 한 후 6개월이 지나 포트폴리오를 재조정할 시기가 되어 상품별 평가액을 조회해 보았더니 6개월 전에 50%로 시작했던 주식형 펀드의 비율이 65%로 늘어나 있을 수 있다. 그 사이에 주가가 상당폭 올랐기 때문이다. 따라서 주식형 펀드를 일부 매각하여 원래의 비율인 50%로 줄이고 그만큼을 채권형과 CMA로 옮겨 놓아야 한다. 그런데 주식형 펀드를 팔기가 아까운 생각이 들 수 있다. 부부 중 한 사람이 크게 반대할 수도 있다. 주가가 오를 때는 계속 오를 것처럼 보이기 때문이다.

결단을 내려 주식형의 비중을 원래의 비율로 돌려놓기는 했지만 그 후에도 주가가 10일 이상을, 그것도 매일 종합주가지수가 10~20포인트씩 오를 수 있다. 그렇게 되면 부부 중에 매각을 반대한 사람은 '그럴 줄 알았다'며 화를 낼 수도 있다. 그러나 이럴 때일수록 원칙을 지키지 않으면 안 된다. 분산투자의 위력은 주가하락 국면에서 나타나기 때문이다.

예를 들어, 1989년 4월 한국종합주가지수가 1000을 돌파했을 때 주가가 더 오를 것이라는 생각으로 보유금융자산 전액을 주식으로 계속 가지고 있었을 경우와 주식과 채권으로 반반씩 나누어 가지고 있었을 경우를 비교해보면 쉽게 알 수 있다. 전액 주식만 들고 있었다면 10년 후 주가지수가 280까지 떨어졌을 때 엄청난 손해를 보았을 것이다. 그러나 50%를 채권으로 보유했다면 90년대의 평균금리 12%로만 운용했어도 채권투자분은 3.2배로 늘어날 수 있었다. 주식의 손실부분을 메우고도 상당한 수익을 올릴 수이었다는 계산이 된다. 이와 비슷한 사례는 국내외 증시역사를 살펴보면 얼마든지 많다.

분산투자의 방식이 주식, 채권, CMA 및 예금과 같은 금융자산에만 분산하는 것을 의미하지는 않는다. 주식에 투자하더라도 내수주와 수출주, 국내주식과 해외주식, 성장주와 가치주 등 다양한 종목에 분산시키는 것도 중요하다.

문제는 분산의 시기이다. 주가가 천장에 이를 무렵에 주식의 비중을 크게 줄이고, 바닥직전에 크게 늘린다면 가장 좋겠지만 그런 예측을 한다는 것은 불가능에 가깝다. 오를 때는 한없이 오를 것 같고 떨어질 때는 한없이 떨어질 것처럼 보이기 때문이다.

가격의 변동은 그 움직임 자체가 투자자의 판단을 왜곡시키는 힘을 갖고 있다. 따라서 이러한 가격변동의 마력에 휘둘리지 않는 것이 중요하다. 하락국면에서나 상승국면에서나 일관성 있게 분산의 원칙을 지켜나가는 것이 성공투자에 이르는 최선의 방법이다.

07

해외펀드도 포트폴리오에서 빼놓지 마라

포트폴리오를 짠 후 이에 맞는 펀드를 사 넣을 때는 국내펀드뿐 아니라 해외펀드도 적극적으로 고려대상에 넣어야 한다. 세계주식시장 시가총액의 1~2%밖에 되지 않는 국내시장에만 100% 투자하는 것은 지나친 편중투자이다. 이 때문에 해외투자에서 '해법'을 찾고자 하는 투자자들이 늘고 있다. 과거 해외투자가들이 우리나라 시장에서 고성장의 과실을 얻어갔던 것처럼 우리나라 투자가들도 하기에 따라서 해외 신흥시장에서 고성장의 과실을 얻을 수 있기 때문이다.

우리보다 앞서 경제 발전단계를 경험한 일본을 보더라도 투자 전문가들은 "적극적인 성향의 투자가라면 자산의 50~60% 정도는 해외주식이나 채권에 투자하라"고 조언하고 있다. 일본만큼은 아니더라도 우리나라 투자자들도 일정비율의 금융자산을 해외에 투자하는 사례가 늘고 있다.

해외투자의 장점

1. 투자자산이 '원화자산'에 편중되는 리스크를 피할 수 있다.

미국의 '달러'나 일본의 '엔(円)'에 대한 우리나라 통화 '원'의 환율이 미국과 일본의 기준금리, 인구증가율, 경제성장률 등의 추이에 따라 강세 또는 약세로 바뀌는 국면을 항상 염두에 두어야 한다. 만약, 원화가 약세로 바뀌더라도 일정 부분을 외화자산으로 보유하면, 투자자산의 실질가치가 감소하는 것을 어느 정도는 막을 수 있다.

2. 지역적 리스크를 분산시킬 수 있다.

어느 정도의 수익률을 추구하면서 안정적으로 운용해 나가려면 도중에 큰 손실을 입지 않아야 한다. 자산을 한 종류의 금융상품에 집중시키지 않고 가격변동성이 다른 여러 개의 금융상품으로 포트폴리오를 짜서 투자를 하면 운용성과가 요동치는 것을 막을 수 있다. 이를 위해 국내외 주식, 국내외 채권 등에 나누어 투자하면 국제분산형 포트폴리오가 된다.

해외투자에 성공하기 위해서는 왜 해외투자를 해야 하는지, 해외투자에는 어떤 리스크가 따르는지 등에 대해 제대로 이해하고 시작해야 한다. 투자형태 또한 주식이나 채권 개별종목에 투자하기보다는 전문가가 대신 운용해주는 펀드가 좋다. 개인이 해외 시장에서 개별종목을 고르고, 사고팔 시기를 결정한다는 것은 불가능에 가깝다. 해외투자는 단순히 투자수익률을 목표로 하기보다는 장기, 분산투자의 원칙을 지키면서 접근해야 한다.

해외펀드 투자원칙

1. 투자 비중을 먼저 정하라.

국내투자와 마찬가지로 '나이, 재산상태, 투자성향, 투자기간'과 같은 자신의 형편을 고려하여 해외투자 비중을 정해야 한다. 이때에는 해외주식형펀드와 채권형펀드의 비중을 따로 정해야 한다. 투자자의 형편에 따라 보유자산의 10~50%의 비중까지 고려할 수 있을 것이다.

투자자 자신의 성향을 파악하여 수익률은 낮더라도 원금확보를 최우선시하는 '원금중시형 투자자'이거나, 이자·배당수입은 고려하지만 여전히 원금손실의 리스크는 피하고자 하는 '이자·배당 중시형 투자자'라면 해외투자는 피하는 게 좋다.

수익률을 추구하면서도 가능한 한 원금손실 리스크를 피하고자

하는 '이자·배당 및 시세차익 절충형 투자자'라면 10% 정도의 해외투자를 검토해도 좋을 것이다.

가격변동의 리스크를 적극적으로 수용하여 평균 이상의 수익을 달성하려고 하는 '시세차익 중시형 투자자'라면 30% 정도의 해외투자를 고려해 볼 수 있다. 고수익 확보를 위해 투자대상 상품의 시세상승 차익을 중시하는 '시세차익 추구형 투자자'라면 50% 이상의 해외투자까지도 고려할 만하다.

2. 투자대상 시장을 정하라.

이때에는 '국내에 없는 투자상품을 가진 시장인가, 우리나라와는 경제발전단계나 경기사이클이 다르면서 성장가능성이 있는 시장인가'를 선정기준으로 삼아야 한다.

우리와 발전단계가 다른 시장으로는 '미국과 같은 선진시장이나 중국, 인도와 같은 신흥시장'을 꼽을 수 있다. 장기불황에서 벗어나 회복국면에 들어선 일본 주식시장의 경우는 발전단계뿐 아니라 우리와 경기사이클이 다른 시장이라는 점에서 투자대상으로 고려해 볼 수 있을 것이다.

그 외에도 세계 각국에 유망시장은 많이 있다. 다만, 아무리 유망하다고 소문이 나있더라도 잘 모르는 시장은 피하는 게 좋다.

3. 시장 간 배분비율을 정하라.

투자대상 시장을 고른 다음에는 시장 간의 배분비율을 정해야 한다. 자신이 생각하는 유망도에 따라 비율을 정할 수도 있고, GDP(국내총생산) 비율에 따라 기계적으로 배분하는 방법도 있다. 또는 친디아 펀드, 아시아 소비재펀드 등과 같이 자체적으로 여러 시장에 나누어 투자하는 펀드를 고르는 방법도 있다.

4. 펀드운용사를 잘 선택해 펀드를 고른다.

투자대상 시장의 배분비율이 정해진 다음에는 해당시장에 운용하는 펀드를 골라 넣는다. 앞서 설명한 것과 같이 펀드를 고를 때 가장 먼저 보아야 할 것은 '펀드를 운용하는 회사'이다. 신뢰할 수 있고 실력 있는 운용사인지를 살펴봐야 한다. 펀드투자에서 성공의 절반 이상은 운용사 선정에 달려 있다.

펀드 관련 수수료 및 관련 세제도 꼼꼼히 살펴보아야 한다. 펀드투자와 관련된 비용은 펀드의 운용성적 못지않게 투자 성과에 영향을 준다는 것을 잊지 말자. 펀드를 사 넣을 때는 시황 전망에 자신이 있다면 한꺼번에 매입해도 좋지만, 자신이 없을 경우에는 처음부터 적립식으로 투자하거나 일정기간을 정해두고 분할 매수하는 것이 좋다.

5. 포트폴리오를 점검하라.

펀드매입이 끝나 투자 포트폴리오가 완성되면, 국내펀드까지 포함한 전체 포트폴리오를 정기적으로 점검해야 한다. 3개월, 6개월 또는 1년의 주기를 정해 주기마다 한 번씩 포트폴리오가 제대로 유지, 관리되고 있는지를 점검하는 것이다. 앞서 설명한 것과 같이 포트폴리오의 재조정 작업을 계속해 나가야 한다.

08

노후자금 마련보다 더 중요한 인출전략

"퇴직금으로 투자를 하고 싶은데 뭘 사면 좋을까요?"

퇴직예정자 대상 강의장에서 자주 받는 질문이다. 투자를 해서 버는 돈으로 퇴직 후 생활비에 보태겠다는 생각일 것이다. 대답하기에 참 어려운 질문이다. 퇴직을 앞두고 있는데도 질문하는 분의 자산관리에 대한 마음가짐은 현역 시절과 달라진 게 거의 없어 보이기 때문이다. 퇴직 후 노후자금이 모자랄 것이라는 초조함 때문에 투자 자체만을 목적으로 하고 있는 것이다. 투자는 어디까지나 수단이다. 그럼에도 불구하고 수단과 목적을 혼동하여 돈 버는 것만을 우선으로 하면 그 외의 다른 측면은 보이지 않는다. 투자에 따르는 리스크, 목표수익, 투자기간 등을 간과하기 쉽다.

인생을 등산에 비유한다면, 퇴직은 자산을 축적하는 등산을 끝내고 모아둔 자산을 인출해 쓰는 하산시기로 들어서는 분기점이라고 할 수 있다. 등산에서는 오를 때보다도 내려갈 때가 더 위험하다고 한다. 자산관리도 마찬가지다. 퇴직 후에는 줄어드는 자산을 어떻게 잘 관리할까, 인생의 내리막길을 어떻게 무사히 내려갈 것인가가 중요한 것이다.

그런데도 대부분의 퇴직자들은 여전히 자산을 늘려가는 데에만 관심을 두고 있다. 서점에서 자산관리 관련 서적을 찾아 봐도 젊은 세대가 적극적으로 자산운용을 하는 데 필요한 서적들이 대부분이다. 퇴직이 가까운 사람에게 필요한 책, 퇴직 후 자산을 어떻게 사용해 나갈까에 대한 안내서는 거의 없다. '100세시대'라는 말은 유행하고 있지만, 인생 후반전을 어떻게 헤쳐나가면 좋을지, 어떻게 하면 모아둔 자산의 수명을 조금이라도 연장시켜서 인생 최후의 순간까지 어려움 없이 살 수 있을지에 대한 방법은 가르쳐주지 않는다.

젊은 시절에는 시간을 들여 분산투자를 하기만 하면 실행 여부가 문제일 뿐, 자산형성방법 자체에는 어려움이 없다. 투자의 최대 무기라고 할 수 있는 시간이 있기 때문이다. 그러나 퇴직 후에는 자산을 늘리기보다는 줄어드는 걸 관리하는 방법, 인생의 내리막길을 무사히 내려가는 방법이 더 중요하다. 내리막길에서 굴러떨어지지 않고 천천히 계단을 내려가는 방법을 생각해야 하는 것이다.

　예를 들어, 국민연금, 퇴직연금, 개인연금 등으로 월수입 예상액이 150만 원인 퇴직자가 생활비로 월 250만 원을 지출해야 한다면, 매월 100만 원씩은 모아둔 자금에서 인출해 쓸 수밖에 없다. 연간으로는 1200만 원, 10년이면 1억 2000만 원, 20년이면 2억 4000만 원이다. 만약, 이분이 60세에 받은 퇴직금 2억 원을 전액 예금해놓고 월 100만 원씩 인출해 쓴다면, 이자를 감안하더라도 80세 조금 지나면 퇴직금은 바닥이 난다. 그때쯤에는 기간이 정해져 있는 개인연금, 퇴직연금도 끊어질 가능성이 크다. 세상 떠날 때까지 받을 수 있는 건 국민연금 하나밖에 없게 되는 것이다. 조금만 잘못 관리하면 노후난민으로 전락할 가능성이 크다. 그때 가서 새로운 대책을 강구한다는 건 불가능에 가깝다. 어떻게든 그 이전에 보유자산의 수명을 늘릴 방법을 연구해보고 실천에 옮겨야 한다. 그 준비를 서둘러야 하는 시기가 바로 퇴직을 앞둔 50~60대인 것이다. 따라서 100세시대의 직장인은 인생단계별로 그 시기에 맞는 자산관리를 하지 않으면 안 된다.

인생단계별 자산관리

1단계 - 자산을 적립하면서 운용하는 단계 또는 일을 하면서 운용하는 단계

직장생활을 시작해서 퇴직 전까지가 이 시기에 해당한다. 이 시기에는 대부분 지출보다 수입이 많다. 생활자금으로 쓰고 남은 돈을 주로 투자상품에 장기·분산 운용하여 자산을 축적해 나가야 한다.

2단계 - 인출해 쓰면서 운용하는 단계

퇴직 후부터 70대 중반 전후까지가 이 시기에 해당한다. 1단계에서 축적한 자금 중에서 생활비의 일부 또는 전부를 인출해 쓰면서 남아 있는 자금은 금융상품에 운용하는 시기다. 일에서는 은퇴했지만 자산운용에서는 아직 은퇴를 하지 않은 시기이다. 이 단계가 가장 어려운 단계이다. 정보수집력, 금융지식, 투자경험유무가 이 시기의 성적을 좌우한다. 이 단계의 최대 목표는 3단계의 '인출해 쓰기만 하는 단계'에 필요한 자산을 충분히 남겨 놓는 것이다. 따라서 운용과 인출의 균형이 중요하다. 생활비를 줄이는 노력도 해야 하지만, 안정적인 운용수익을 올리는 노력, 재취업 등을 통해 생활비의 일부를 벌어들이는 노력 또한 중요하다. 가능하면 재취업을 해서 매월 생활비 정도는 근로소득 등으로 충당하고, 현역

시절에 모아둔 자금은 운용만 할 수 있게 된다면 가장 이상적일
것이다.

  3단계 - 자산운용에서도 졸업하여 자산을 인출해 쓰기만 하는
단계

  70대 중반 무렵부터 세상을 떠날 때까지가 이 시기에 해당된다.
대부분의 자금은 예금이나 그에 가까운 금융상품에 넣어 두고 인
출해 쓰기만 하는 시기이다. 이 단계에서는 다른 무엇보다도 생활
비를 계획성 있게 인출하는 노력이 중요하다.

09

노후대비 금융상품, 꼼꼼히 살펴보고 가입하자

"요즘 금리수입으로 생활을 하기가 너무 힘들어요. 이 상품은 100% 위험이 없으면서 고수익을 낼 수 있는 상품이라는데 실제로 그런 건지 한번 봐주실래요?"

얼마 전 70대 중반의 지인으로부터 상담의뢰를 받은 내용이다. 지금 같은 저금리시대에 어떻게 100% 리스크 부담 없이 고수익을 낼 수 있다는 것인가? 상품설명서를 자세히 살펴보니 잘 보이지 않는 곳에, 그것도 자세히 읽어보지 않으면 이해하기 어려운 표현으로 원금손실 가능성이 언급되어 있었다. 그리고 그 내용에 대해서는 제대로 설명을 안 해준 게 분명했다. 고등교육을 받았고 직장생활도 할 만큼 한 분이 어떻게 이런 식의 금융상품 매입권유에 넘어

가는 것일까?

리스크가 따르는 투자상품에 가입할 때는 앞에서 설명한 장기·분산투자 원칙을 지켜야 한다. 하지만 원칙에 대한 공부를 하지 않았거나, 공부는 했지만 그런 원칙을 생각할 겨를이 없는 투자자라 하더라도, 다음 몇 가지 체크사항만은 꼭 살펴보길 바란다.

금융상품 가입 시 유의점

☑ 저축상품인지 투자상품인지 확인

금융회사가 운용의 결과를 책임져주는 저축상품인지, 잘하면 고수익을 낼 수 있지만 잘못하면 원금손실도 볼 수 있는 리스크가 따르는 투자상품인지 확인한다.

상품이름이나 설명서만 보면 이를 구별하기 어려운 애매한 상품이 많다. 정확히 이해가 가지 않으면 담당자에게 몇 번을 묻고 물어서라도 알고 가입해야 한다. 몇 번 들어도 내용을 모르겠으면 가입하지 않는 게 좋다. 금융상품 가입 시 지켜야 할 가장 중요한 원칙은 '내용을 잘 모르는 상품에는 절대로 가입을 해서는 안 된다'는 것이다.

☑ 운용회사의 실력 검증

리스크가 따르는 투자상품에 가입할 때는, 그 투자상품을 운용하는 운용회사가 실력이 검증된 운용회사인지를 꼭 확인해야 한다. 현재 국내에는 ○○투신운용사, ○○자산운용사라는 이름의 운용회사가 170개 정도나 있다. 운용성적을 내주는 곳은 은행,

증권, 보험사 같은 금융상품 판매회사가 아니고 이들 운용회사이다.

"제가 펀드에 투자해서 원금손실을 많이 봤는데 어떻게 하면 좋지요?"

강의장에서 이런 질문을 자주 받는다. 그때마다 그 펀드를 운용하는 회사가 어디냐고 물어보면 운용회사 이름을 알고 대답하는 투자자가 거의 없다. 투자자들 중에는 실력 있는 운용회사인지 여부를 어떻게 확인할 수 있느냐고 질문을 하는 분도 있다. 물론 일반투자자들이 운용회사를 평가한다는 게 쉬운 일이 아니다. 따라서 금융상품운용에 성공하기 위해서는 주위의 소개를 받아 신뢰할 수 있고 실력이 있는 전문가를 알아두는 게 중요하다. 그 전문가로부터 상담을 받아야 한다.

☑ 단서조항

최근에는 단서조항이 있는 금융상품이 많이 출시되고 있다. 단서조항이 있는 게 나쁘다는 뜻이 아니다. 그 내용을 확실하게 알고 가입해야 한다는 것이다. 지난 몇 년 사이 자주 분쟁의 대상이 되어왔던 변액유니버설보험의 예가 그렇다. 이 상품은 회사마다 약간씩 차이는 있지만, 7년 이상 또는 10년 이상 장기로 가입하면 세제혜택, 연금혜택, 보험혜택이 있는데 도중에 해약하면 원금도 다 못 받을 수 있다는 식의 단서조항이 있다. 그런데 상품을 파는 사람도 설명을 잘 안 해주고 사는 사람도 잘 듣지 않고 가입을 하는 경우가 많았다. 그랬다가 사정이 있어서 도중에 해약하면 이자는 물론 원금도 절반 정도밖에 못 받는 경우가 있다. 그때 가서 항의를 해도 소용이 없다. 원래 그렇게 설계된 상품이기 때문이다.

☑ 적합성

어떤 사람에게는 참 좋은 상품인데, 나에게는 맞지 않는 상품일 수 있다. 예를 들어, 직장인이 컴퓨터 앞에 앉아 변동성이 심한 선물이나 옵션, 주식 등을 사고팔고 있으면 빨리 말려야 한다. 심한 표현이지만, 그런 사람은 회사에서 해고되려고 작정한 사람이라고 해야 할 지도 모른다. 지금까지 짧지 않은 기간 동안 직장 생활을 하면서 업무시간에 이런 데에 시간을 쏟고 있는 사람 치고 진급이 빨리 되는 사람을 본 일이 없다.

주식투자는 하는 것이 좋다. 그러나 하더라도 시세는 일주일에 한 번 정도나 확인하고 느긋하게 해야 한다. 직장인은 직업에서 성공하는 게 무엇보다 중요하기 때문이다. 직장인에게 가장 큰 투자 엔진은 주식투자가 아니라 자신의 직업이라는 인식이 필요하다. 근무시간에는 주식시세나 보고 있을 게 아니라 일에 집중해야 한다. 직장인은 우량펀드에 장기·분산투자의 원칙을 지켜 우직하게 투자하는 방법이 가장 바람직하다.

☑ 금융상품 가입에 따르는 세금

옛날에는 어느 정도 자산을 보유한 사람들만 세금 문제를 고민하면 됐다. 그러나 앞으로는 서민들도 절세상품을 잘 활용하지 않으면 안 된다. 정부가 국민들의 노후를 책임질 수 없기 때문에, 최근 들어 다양한 절세상품을 많이 내놓고 있다. 이 절세상품을 적극적으로 활용할 줄 알아야 한다.

☑ 수수료

판매수수료, 운용수수료, 외환 관련 수수료 등이 지나치게 비싸지 않은지 꼼꼼히 확인해야 한다. 예를 들어, 우리나라 투자자들 가운데 펀드를 매입할 때 수수료가 얼마나 되는지 확인하고 사는 투자자는 100명 중에 한 명이 있을까 말까이다. 그러나 선진국의 투자자들은 펀드투자를 할 때 가장 먼저 물어보는 것이 수수료라고 한다. 수수료가 비싸면 남 좋은 일만 시킨다고 생각하기 때문이다.

10

내 입장에 서서 상담해주는 자산관리전문가를 만나자

선진국에서는 가정교육과 학교교육을 통해 자산운용에 대한 기본적인 공부를 하고 사회에 나오는 경우가 대부분이다. 반면에, 우리나라의 경우에는 가정에서도 학교에서도 이런 교육을 받을 기회가 거의 없다. 자산관리에 대한 기본지식이 거의 없는 상태로 사회생활을 시작하는 것이다.

따라서 우리는 사회인이 된 뒤에라도 자산관리의 기본에 관한 공부를 하는 한편, 부족한 부분은 자산관리 전문가의 도움을 받지 않으면 안 된다. 몇 년 전부터 금융회사에 가면 FP(Financial Planner), FC(Financial Consultant), FA(Financial Advisor), PB(Private Banker) 등의 명함을 갖고 일하는 사람들을 자주 만나게 되는데 이들이 바로 그런 전문가이다. 물론, 이들 모두가 실력 있고 신뢰할 만한 전문가라고 단정할 수는 없다. 금융과 관련된 지식뿐만 아니라 고객과의 신뢰관계, 커뮤니케이션 능력을 갖추는 게 말처럼 쉽지 않기 때문이다.

어떤 조건을 갖춘 전문가의 도움을 받아야 하는가?

가장 중요한 것은, 모든 운용대상 상품을 종합적으로 분석하여 투자자의 형편에 맞게 자산설계를 해주고 우량금융상품을 골라 줄 수 있는 전문가이어야 한다. 혼자서 모든 분야에 대한 전문적인 지식을 갖고 있을 필요는 없지만 다른 전문가의 도움을 받아서라도 종합적인 조언을 해줄 수 있는 능력이 있어야 한다. 또한, 단순히 지식을 갖고 있는 것만으로는 의미가 없다. 투자이념, 운용방법 등을 고객의 눈높이에 맞추어 쉽게 설명해줄 수 있는 능력도 갖추고 있어야 한다.

다음으로, 그에 못지않게 중요한 것은 고객의 입장에 서서 일하는 전문가이어야 한다. 금융회사에 가서 상담을 받아보면, 고객의 입장에 서서 상담을 한다고 하면서도, 구체적인 상품을 선택하는 단계에 이르면 자사의 캠페인상품 또는 수수료가 높은 상품만을 제시하는 전문가들이 많다. 당장에 수수료 수입을 올려야 하거나 소속회사로부터 그런 상품을 팔도록 압력을 받고 있기 때문일 것이다. 이런 회사, 이런 전문가는 바람직하지 않다. 소속회사의 상품을 파는 판매대리인이라는 생각보다는 고객을 대신해 골라주는 구매대리인이라는 생각으로 상담에 임하는 전문가여야 한다. 또, 그런 상담을 할 수 있도록 환경을 조성해주는 금융회사가 아니면 거래를 해서는 안 된다.

5장

가장 확실한 노후대비는
평생현역

01

퇴직 후의 상식이 바뀌었다

2017년 가을 자료수집을 위해 일본 도쿄의 서점 몇 군데를 들를 기회가 있었다. 2년 만에 들러 놀란 것은, 정년 후와 관련된 책들이 유난히 눈에 띈다는 것이었다. 『정년 후』라는 제목의 문고판 단행본이 20만부 넘게 팔리는 베스트셀러가 되고 있고, '정년 후의 상식이 바뀌었다'는 특집을 게재한 월간 문예춘추를 비롯하여 다른 월간지, 주간지들도 비슷한 특집을 게재하고 있었다.

일본에서 정년 후 관련 1차 출판붐이 있었던 시기는, 일본의 베이비붐세대(1947~50년생)가 60세 정년을 몇 년 앞두고 있던 2003~2005년경이었다. 물론 이번은 그때의 출판붐과 비교하면 붐이라고 할 정도의 규모는 아닐지 모른다. 다만, 눈에 띄는 점은 단행본이나 잡지들의 특집에서 취급하고 있는 내용이다. 2003~2005년의 출판붐 때에는 노후자금 문제가 가장 큰 비중을 차지하고 있었던데 비해 이번에는 가장 큰 비중을 차지하고 있는 게 '정년 후에 뭘 하고 살 것인가?'에 대한 내용이었다.

우선, 퇴직 후에 갈 곳이 없어 고민하는 남성퇴직자들의 사례를 소개하고 있다. 집에 있으면 마누라로부터 귀찮은 존재 취급을 받는다. 도서관에 가보면 자기보다 나이 많은 시니어들이 이미 좌석을 점령하고 있고, 신문코너에는 조간지를 서로 먼저 보려고 쟁탈전을 벌이고 있다. 취미생활이라도 시작해보려고 하지만 60세 넘어 새롭게 취미를 갖는다는 게 말처럼 쉽지 않다. 동네 사람들 모임에 참가해보려 해도 회사인간으로 살아왔기 때문에 아는 사람이 거의 없다. 어울리기가 쉽지 않다. 할 수 없이 커피숍으로 출근하는 게 일과라는 것이다.

지금의 일본 고령세대들은 고성장기에 직장생활을 해왔기 때문에 60세 정년은 확실하게 보장되어 있었다. 연금제도도 우리보다 일찍 도입되어 있어서 웬만한 직장인이면 공적, 사적연금으로 20만엔(약 200만 원) 이상은 받을 수 있다. 여기에 스스로 저축해둔 돈을 약간만 더하면 최소생활비 정도는 걱정할 필요가 없다. 당연히 퇴직 후에는 유유자적한 생활을 즐길 수 있을 것으로 기대했다. 그러나 현실은 달랐다. 퇴직 후의 인생이 이렇게 길고, 할 일이 없다는 게 이렇게 괴로울 거라는 생각을 못했다는 것이다.

Point

> 정년 후 대비로 노후자금문제, 건강문제보다 더 중요한 것이 퇴직
> 후에 할 수 있는 일, 자신이 있을 수 있는 장소를 만드는 일이다.

따라서 지금의 현역세대들은 선배들의 실패를 반면교사로 삼아 40대 후반, 늦어도 50대 초반부터는 돈이 되든, 안 되든 퇴직 후 무슨 일을 하고 살 것인가에 대한 준비를 시작하지 않으면 안 된다는 것이다. 이런 깨달음이랄까 반성의 분위기가 이번 정년 관련 출판 붐의 배경으로 작용한 것이다.

"직장인 연수에 강사로 가보면 정년 후에 대비해서 자기 나름의 장래상을 구상하고 있는 직장인은 참가자의 1할 미만이다. 2할 정도는 아무런 생각이 없는 사람들이고, 나머지 7할 정도는 막연한 불안감과 관심만 갖고 있는 사람들이다."

20만부 베스트셀러 『정년 후』의 저자 구스노키 컨설턴트의 말이다. 그는 직장인에게 퇴직 후 '자신의 형편에 맞게 수입을 얻는 일, 사회공헌적인 일, 취미를 살릴 수 있는 일'들을 찾는 방법을 소개하고 있다.

퇴직 후 할 일을 현역 시절부터 생각해보자

일본 사회의 이번 정년퇴직 관련 출판붐을 보면서 문득 2017년 여름 국내 퇴직공무원들의 퇴직수기를 읽었던 일이 생각났다. 당시 한 공공기관으로부터 퇴직수기공모 심사위원으로 위촉 받아 105명이 응모한 퇴직수기를 읽었다. 읽기 전에는, 이분들이 60세 정년이 보장되어 있고 최소생활비 정도는 공무원연금으로 받기 때문에, 정년퇴직을 하더라도 큰 걱정은 없는 분들일 거라는 생각을 했었다. 그러나 읽어본 수기내용은 그게 아니었다. 소일거리가 없고 갈 곳이 없어서 힘들었던 경험, 그런 힘든 기간을 거쳐 일을 찾았을 때의 기뻤던 경험을 소개하고 있었다.

한 전직 교장선생님은 1년 동안 소일거리가 없어 힘들게 지내다가, 60넘은 나이에 3차례의 도전 끝에 이용사자격증을 취득하여 이용원을 차렸다. 약간의 수입을 올리면서 요양원, 상이군경회를 찾아 이발 봉사를 하는 지금의 생활이 너무나 행복하다는 것이다. 노인 주간보호센터 보조원으로 근무하면서 후기고령자들을 돌봐주는 전직 통계직공무원, 농협지점의 회의실에 마을사랑방을 만들어 주민들의 대화장소, 교육장소로 제공하고 있는 전직 교감선생님도 있었다. 이런 사례들을 읽으며 티베트 종교지도자 달라이 라마의 말이 생각났다.

"부유한 나라에서 고통과 분노의 정도가 더 심한 건 물질적 부가 부족해서가 아니다. '내가 남에게 필요한 존재'라는 느낌이나 '내가 사회와 함께하고 있다'는 느낌을 더 이상 갖지 못하기 때문에 불행해지는 것이다."

정부고위직에서 퇴직한 한 선배로부터 들은 말도 생각이 났다. 이분은 아침에 잠에서 깨면 "오늘은 무슨 일을 할 것인가?"를 먼저 생각해보고 침대에서 내려온다면서, "퇴직하고 나니 쓸모없는 인간이 된 것 같아 가장 서글프다"고 했다.

이제 우리 사회도 100세시대를 맞이하여 이런 고민을 하는 고령세대들에게 소일거리를 줄 수 있는 체제를 갖추지 않으면 안 될 것 같다. 또한 개인의 입장에서는 내가 남에게 필요한 존재가 되도록 현역 시절부터 스스로 준비를 하지 않으면 안 되겠다는 생각이 든다.

02

제1순위로 재취업을

2016년에 민간기업 잡코리아가 조사, 발표한 자료에 의하면 우리나라 직장인의 주된 직장에서의 퇴직연령은 51세인 것으로 나타났다. 이를 또 기업형태별로 나누어 보면 공기업이 55세, 중소기업이 51세, 대기업이 49세이다. 수백 대 일의 경쟁률로 입사하는 대기업도 평균 퇴직연령이 채 50세가 되지 못하는 것을 보면 지금 우리나라 직장인들이 얼마나 힘든 환경에서 직장생활을 하고 있는지 알 수 있다. 이렇게 이른 나이에 퇴직을 하다 보니 퇴직 후의 노후자금을 제대로 준비했을 리 없다.

전국 베이비부머세대 가구당 보유자산 현황

총 자산		4억 5000만 원
부채	-	8500만 원
순 자산	=	3억 6500만 원
부동산	-	3억 3300만 원
가용 순 금융자산	=	3200만원

(자료: 2017년 통계청 가계금융복지조사)

2017년에 통계청이 발표한 가계금융조사 결과에 의하면, 우리 나라 베이비부머세대(1955~1963년생)의 가구당 평균 총자산은 4억 5000만 원 정도인 것으로 나타났다. 여기에서 가구당 평균 부채 8500만 원을 빼면 가구당 평균 순자산은 3억 6500만 원 정도이다. 50대 후반에 3억 6500만 원 정도의 재산을 갖고 있으면 그럭저럭 살아갈 수 있을 거라는 생각을 할 수도 있다. 그런데 문제는 순자산 3억 6500만 원 중 살고 있는 집을 포함한 부동산 가액이 3억 3300만 원에 이른다는 것이다. 결국 가용 순금융자산은 3200만 원 정도밖에 안 된다. 3200만 원 정도로 어떻게 30~40년을 살아갈 수 있겠는가?

공무원이나 군인, 학교교직원을 제외하면 대부분의 국민은 거의 연금 준비도 되어 있지 않다. 연금이라고 하면 국민연금 정도인데, 2018년 5월말 현재 65세 이상 고령자 중에서 국민연금을 소액이라도 받고 있는 사람은 36%에 지나지 않는다. 월 평균 수령액은 월 50만 원 미만이 77%를 차지하고 있고, 100만 원 이상은 전체 수령자의 5%뿐이다.

모자라는 연금은 퇴직연금으로라도 보완할 수 있어야 하는데 퇴직연금은 도입된 지 몇 년 안 되는데다 도입 시에 그동안 쌓아둔 퇴직금을 중간정산 받아 자녀교육비, 결혼자금, 주택구입자금 등의 다른 용도로 써버린 경우가 대부분이다. 개인연금 또한 연말세액공제 혜택을 받기 위해 소액 불입한 정도여서 생활비에 보태기도 어려운 금액일 것이다.

물론 노후자금으로 몇 억 원씩 저축해 놓고 퇴직하는 분들도 있을 것이다. 그렇다면 그런 분들은 노후자금을 걱정하지 않아도 되는가? 고금리시대에는 약간의 예금만 있어도 금리 수입이 쏠쏠했었다. 예를 들어, 1년 만기 정기예금 금리가 10%였을 때는 1억 2000만 원의 예금만 있으면 매월 100만 원의 금리수입을 얻을 수 있었다. 그러나 현재는 대부분의 시중은행 정기예금 금리가 2% 안팎에 지나지 않는다. 6억 원의 예금이 있다 해도 월 100만 원의 금리수입을 얻기가 힘든 상황이다. 금리수입으로 노후생활비를 쓰려고 생각했던 분들에게는 정말 답답한 일이 아닐 수 없다. 집을 줄이거나 팔아서 노후생활비를 조달하는 방법을 생각해 볼 수도 있지만, 716만 베이비부머 세대가 사는 집을 팔려고 내놓기 시작하면 우리나라 집값은 또 어떻게 되겠는가? 결국, 퇴직연령으로 봐서나, 지금과 같은 저성장·저금리·고령화시대를 살아가기 위해서나 대부분의 직장인들은 퇴직 후에도 뭔가 수입을 얻을 수 있는 일을 할 수밖에 없다.

재취업 시 특별한 마음가짐이 필요하다

그러나 문제는 요즘처럼 청년실업이 넘쳐나는 시대에 퇴직자의 재취업이 말처럼 쉽지 않다는 것이다. 취업 자체도 어렵지만 취업하여 일을 하면서도 특별한 마음가짐이 필요하다.

우선, 임금 수준이 전 직장에서 보다 크게 떨어지는 것을 당연하게 생각해야 한다. 우리나라 기업에서 30대까지의 종업원은 회사에 대한 공헌도보다 낮은 수준의 임금을 받는 경우가 보통이다. 그러다가 40세 전후 관리직이 될 무렵부터 회사에 대한 공헌도 이상으로 임금을 받게 된다. 젊은 시절에 적립해 두었던 부분을 찾아오는 시기라고도 할 수 있다.

따라서 재취업 후에 이전과 똑같은 일을 하는데 급여는 전 직장과 비교도 안 될 수준으로 낮아졌다고 실망을 해서는 안 된다. 자신의 가치가 떨어진 게 아니고 전 직장에서 받았던 '지불초과분'을 못 받게 된 결과라고 생각해야 하는 것이다.

재취업한 직장을 함부로 전 직장과 비교해서 비하시켜 말하는 것도 조심해야 한다. 큰 조직에서 근무하다가 중소기업에 재취업을 하게 되면 그 회사의 시스템이나 시설이 크게 뒤떨어져 있음을 발견할 수 있다. 또한 큰 조직에서는 자기가 맡은 일만 열심히 하면 되었는데, 여기에서는 심한 경우 화장실 청소에 이르기까지 이런저런 부수적인 일을 해야 할 경우도 생긴다. 대조직의 시스템에 익숙한 사람에게는 이해가 되지 않을 수도 있다. 그러나 왜 대기업이 중소기업에 하청을 주는가? 중소기업이 효율성 면에서 대기업보다 뛰어나기 때문이다. 이 점을 충분히 이해한 후에 전 직장과 비교를 해야 한다.

또 한 가지 유념할 것은 사소한 비용이라도 꼭 필요한 것인지 따져보고 지출하는 습관을 길러야 한다. 최근 들어 소유와 경영이 분리된 대기업보다 가족경영기업의 우위성이 주목을 받고 있는 가장 큰 이유는 가족경영기업의 오너들이 회사 돈을 자기 돈처럼 생각하기 때문이다. 인간은 타인의 돈을 쓸 때는 자기 돈을 쓸 때처럼 아끼지 못한다. 공공기관이나 대기업에서 각종 비용지출에 낭비가 많은 이유가 바로 여기에 있다.

정년 후 재취업을 하게 되는 중소영세기업은 가족경영기업인 경우가 대부분이다. 이들 회사의 오너 또는 사장은 회사 돈을 자기 돈처럼 생각한다. 따라서 대기업에서는 당연하게 지불되는 경비까지도 아끼는 경향이 있다. 큰 조직에 근무하다가 재취업을 하는 사람들은 특히 이런 점에 유의해야 한다. 물정 모르고 낭비한다는 말을 듣지 않도록 조심해야 하는 것이다.

03

재취업에 성공하려면?
- 재취업상담전문가 박영재 대표에게 듣는다

Q1. 재취업을 하는데 가장 중요한 게 현실을 깨닫는 거라고 하셨죠?

A. 그렇다. 요즘의 50대는 예전과 전혀 다르다. 아주 건강하다. 퇴직했지만 너무 젊은 나이인 것이다. 더구나 눈높이가 가장 높아져 있을 때 퇴직을 했기 때문에 현실을 깨닫는데 꽤 오랜 시간이 걸린다. 이게 가장 큰 문제다. 퇴직한 직후에 괜찮은 기회가 있다 하더라도 당시에는 눈에 차지 않아 놓쳐버릴 수 있기 때문이다. 극단적으로 말하면 중장년이 경력사원으로 일을 구한다고 해도 퇴직 직전 수입의 20%까지 떨어진다. 연봉 2000만 원이 절대 쉽지 않은 것이다. 웬만큼 눈높이를 낮추지 않고서는 좋은 일자리를 찾는

것도 어렵다. 그 과정에서 창업이라는 선택을 하는 분들이 많아진다.

Q2. 창업보다는 가능한 한 재취업을 권하시는데 그 이유는 자신의 경험 때문인가요?

A. 그렇다. 나의 경험에서 비롯된 조언이다. 나는 PC방 창업에 나섰다가 10개월 만에 투자금의 20%만 겨우 건져 나왔다. 퇴직금 전부를 쏟아 얻은 뼈아픈 실패였다. 그러나 그때 내 나이는 37살이었다. 큰돈이지만 그걸 회복할 수 있는 '시간'이 나에겐 있었던 거다.

중장년은 다르다. 퇴직금이나 모아둔 노후자금으로 창업에 나서게 되면 노후를 담보 삼겠다는 거나 마찬가지다. 잘되면 다행이지만 창업하는 사람의 절반 이상이 3년도 못 버티고 나간다는데, 내가 그 절반에 속할 확률은 무시 못한다. 손실을 회복할 수 있는 기회가 없다는 점이 중장년 창업의 가장 큰 위험이다. 그래서 위험한 창업 대신 재취업을 추천한다.

Q3. 그런 어려움을 각오하고 창업을 하려는 분들에게 조언을 해주신다면?

A. 정부지원정책을 최대한 활용할 필요가 있다. 가장 대표적인

게 소상공인시장진흥공단에서 운영하는 '신사업창업사관학교'이다. 사업계획서를 제출하면 기본적인 이론 교육을 받을 수 있다. 이후 실제 점포를 빌려 4개월간 창업 경험을 하게 한다. 이 기간 동안은 임차료를 제외한 전기세, 수도세 등의 관리 비용을 내고 영업 매출을 가져갈 수 있다. 전문가 멘토의 코칭도 이어진다. 모든 과정을 마쳐 신사업으로 선정되면 소정의 지원금과 함께 창업자금 대출도 도와준다. 창업을 생각하는 분이라면 이런 교육을 반드시 한 번이라도 받아봐야 한다. 지방자치단체에서 운영하는 '창업스쿨'도 있다. 이 과정을 활용하면 좋다. 다양한 온라인 교육과 개인 부담이 일부 있는 오프라인 교육이 마련되어 있다. 자신의 노후를 담보로 삼는 만큼 대단한 각오와 철저한 준비를 갖추어야 한다.

Q4. 창업리스크를 지고 싶지 않아 재취업을 하려는 분들은 어떤 준비가 필요할까요?

A. 재취업은 크게 두 경우로 구분할 수 있다. 퇴직 전에 하던 일을 퇴직 후 다른 회사에서 이어 하는 경우는 이직이고, 새로운 일을 배워서 하는 경우라면 전직에 해당된다.

이직은 현직에 있을 때 준비하는 것이 가장 좋다. 이제까지 쌓아온 경력을 인정받고 해오던 일을 하면 되기 때문이다. 이직 과정에서 협상의 여지도 충분히 주어진다. 다만 50대 이후에는 이직이 쉽지 않다는 게 문제다. 주변의 소개를 통해 일자리를 찾는 분들이 대다수다. 이직을 하려는 분들은 현역에 있을 때부터 평판 관리를 잘 해두는 게 중요하다. 공백기가 길어질수록 기회가 줄어들기 때문에 준비도 미리, 빨리 해야 한다.

전직은 얘기가 조금 다르다. 익숙한 일이 아닌 새로운 일을 배워서 하는 것이기 때문에 이전의 경력이 전혀 인정되지 않는다. 이직에 비해 전문성이 떨어지고 초보이니만큼 급여가 적을 수밖에 없다는 문제도 있다. 그렇다고 절대 서둘러서는 안 된다. 오히려 충분히 시간을 가져야 한다. 실제 전직하는 분들을 상담할 때는 적어도 1년 이상을 염두에 두고 시작하라고 조언한다. 교육을 받으며 일을 익혀야 하고, 그 일이 나에게 맞는지에 대한 마음의 준비도 필요하다. 구직 기간에 필요한 생활 자금도 마련해야 한다. 서두르면 급한 마음에 의사결정을 제대로 못할 가능성이 크다.

그런데, 취업통계를 보면 재취업을 한 중장년 직원 중 2년 이상 근속은 30%인 것으로 나타났다. 무척 무서운 얘기다. 40대 후반에 퇴직을 한 뒤, 한 1년 준비해서 50대 초반에 재취업을 해도 2년 정도 지나면 또 나오게 된다는 거다. 50대 후반까지 이러한 과정이 반복될 수 있다는 점은 미리 각오해 두어야 한다.

Q5. 요즘 청년취업은 낙타가 바늘귀에 들어가기보다 어렵고,

중장년 재취업은 그보다 더해서 고래가 바늘귀에 들어가기라고 합니다. 그만큼 힘들다는 뜻 아닌가요?

A. 그럼에도 불구하고 중장년 구직자들의 노력이 청년들에 비해 절실하지 않다고 느껴질 때가 많다. 재취업에 성공하기 위해 가장 중요한 것은 결국 얼마나 적극적으로 일을 찾느냐이다. 청년들이 어떻게 취업을 준비하는지 한번 생각해볼 필요가 있다. 각종 외국어 시험, 자격증부터 대외활동, 아르바이트, 인턴 등 과거와 비교해 보면 말도 못하게 열심히 준비한다. 이에 비해 중장년 취업자들은 자격증 하나 갖추지 못한 경우가 대부분이다. 허투루 살아와서 그런 건 결코 아니다. 다만 과거의 취업시장이 지금과 큰 차이가 있었기 때문이다. 내 친구들만 해도 운전면허증 말고는 다른 자격증이 없다. 그러니 당장 할 수 있는 일은 대리운전, 택배, 택시 정도뿐이다. 이마저도 할 수 있겠냐고 물어보면 못한다고 한다. 가지고 있는 기술이 없으니 그중 하나라도 해보고 난 뒤에 상담을 해주겠다고 할 수밖에 없다. 지금 상태에서는 아무리 말해도 안 듣기 때문이다. 실제 현실을 깨닫는 데 적어도 2년 정도가 걸린다.

그럼 현실을 직시하고 난 뒤에는 바로 나아지느냐? 그것도 아니다. 많은 중장년 취업자들이 지나치게 소극적이다. 내가 상담을 하며 어떤 구직활동을 하셨냐고 물으면 인터넷 검색 몇 번 해봤다는 게 대부분이다. 그것도 하루에 2~3시간이나 될까? 그런 노력으로는 절대 재취업을 할 수 없다. 누가 직업이 뭐냐고 물었을 때 '구직자'라고 자신 있게 대답할 수 있을 만큼 일상의 대부분이 구직활동에 맞춰져 있어야 한다. 매일 구직센터로 출근한다는 생각으로 말이다. 하루 16시간 이상을 구직과 관련된 일에 몰두하지 않으면 안된다.

Q6. 이렇게 어려운 재취업에 성공한 분들에게는 어떤 공통점이 있을까요?

A. 재취업에 성공한 분들을 살펴보면 가족과 함께 현재 상황을 정확하게 이해하고 공유했다는 공통점이 있다. 앞서 말한 대로 재취업은 생각보다 많은 비용과 시간이 요구된다. 가정의 재무상황을 파악하고 가계 지출에서 줄일 수 있는 부분은 과감하게 줄여야 한다. 짧게는 6개월에서 길게는 2년 넘게 소득이 끊길 수 있는 기간에 대한 대비도 필요하다. 새로운 경력을 개발하기 위한 교육훈련비도 염두에 두어야 할 항목이다. 이런 부분이 가정 내에서 충분히 이해되었을 때 제대로 된 재취업 준비에 나설 수 있는 것이다.

또 하나의 공통점을 찾는다면 정부 지원기관을 적극 활용했다는 점이 있다. 막연하게 혼자 생각한 대로 새로운 일을 찾는 것이 아니라 전문가의 도움을 받는 것이다. 가까운 고용센터를 방문해 상담을 받고 '중장년일자리희망센터'나 '노사발전재단'과 같은 민간

위탁기관에서 체계적인 구직 전략을 세울 수 있다. 모든 구직활동에 기본이라 할 수 있는 이력서부터 기업의 인사담당자들이 가장 먼저 시선을 둔다는 사진까지 전문가의 조언을 바탕으로 철저하게 준비해야 한다.

Q7. 그렇다면 재취업 관련 정보는 구체적으로 어디에서 얻을 수 있나요?

A. 전직과 재취업에 관련한 교육을 찾고 있다면 '성실프로그램,' '재도약프로그램,' '장년나침반'과 같이 정부에서 지원하는 프로그램을 이용할 수 있다. 취업교육뿐만 아니라 대화방법, 재무관리, 화를 다스리는 법 등 다양한 내용을 제공한다. 이런 프로그램에 참가하면 퇴직 후 재취업을 준비하는 기간 동안 겪게 되는 많은 변화를 나 혼자만 느끼는 것이 아니라 다른 사람들도 느낀다는 걸 알게 된다. 동질감을 갖게 해주는 것이다. 교육에 참여함으로써 심리적 안정감을 찾을 수 있고 구직자 간의 실용적인 정보 교환도 가능하다. 자세한 정보는 고용노동부 워크넷(www.work.go.kr)을 방문해 '장년' 메뉴에서 확인할 수 있다.

대부분의 중장년취업지원 프로그램들은 내가 낸 세금으로 운영되고 있다. 성실하게 납세의 의무를 다한 만큼 이러한 프로그램을 활용할 권리가 있다. 혼자 고군분투할 것이 아니라 이런 정부지원 프로그램에 참여해보기를 권한다. 그중 한 가지로 취업성공패키지가 있다. 저소득 취업취약계층을 대상으로 취업계획 수립부터 실행, 훈련, 구직활동까지 체계적으로 지원하는 종합 취업지원 프로그램이다. 총 4단계로 구성되어 있는데, 개인의 역량과 계획에 따라 단계별 기간은 유동적으로 조정할 수 있다. 최대 1년 동안 진행되며 취업 관련 서비스를 제공해 줄뿐 아니라 금전적인 지원도 해준다.

직업훈련의 비용이 염려된다면, '내일배움카드'제도를 활용하면 좋다. 이 제도는 구직과 관련된 교육비를 200만 원 한도 내에서 지원해준다. 만 15세 이상의 실업자, 사업기간이 1년 이상이고 연 매출액이 1억 5000만 원 이하인 개인사업자, 또는 특수형태근로종사자에 속하는 분이라면 지원 받을 수 있다. 다만 희망취업분야와 관련된 교육을 이수했다는 사실이 확인되어야 교육비가 지원 된다. 취업과 상관없는 개인의 취미활동 등에 악용되는 경우를 막기 위함이다.

거주하는 지역의 고용센터에 구직등록을 하고 훈련과 관련된 상담을 마치면 신용카드나 체크카드를 발급 받을 수 있다. 이후 고용노동부에서 '적합훈련과정'으로 인정받은 곳에서 교육을 받은 뒤,

수강내역 확인증을 받아 제출하면 교육비가 지원된다. 교육비 전액을 지원해주는 것은 아니고 30~50%는 구직자의 부담이다. 부담 비율은 교육 종류에 따라 다르기 때문에 사전 확인이 필수다. 내일 배움카드는 1년 동안 사용할 수 있고, 교육 후 일정 기간 취업이나 창업 상태를 유지하면 본인이 부담했던 교육비도 전액 환급 받을 수 있다. 미용, 제과, 한식, 자동차 정비, 직업상담사 등 다양한 분야의 교육을 받을 수 있는 만큼 재취업을 희망하는 중장년이라면 반드시 활용해보기를 권한다.

Q8. 이력서 쓰기도 중요하다는데, 특히 어떤 점에 유의를 해야 하는지요?

A. 구직에 필요한 서류는 크게 이력서, 경력기술서, 자기소개서가 있는데, 요즘은 이력서와 경력기술서를 합쳐서 쓰는 경우가 많다. 지원자 자신의 일반적인 사항과 구체적인 경력을 이력서에 담는 것이다. 기업의 채용담당자가 가장 주의 깊게 보는 부분은 '경력사항'이다. 단순히 직무만을 나열할 게 아니라 '해당 직무가 무엇이었고/어떻게 수행했고/그 성과가 어땠는지'를 3단계로 기술해야 한다. 중요한 점은 성과를 수치화해야 한다는 점이다. 즉, 몇 % 향상되었는지, 얼마만큼의 금액이 절감되었는지, 얼마만큼의 기간이 단축되었는지 등 가시적인 성과가 드러나야 한다. 이력서는 한 번

썼다고 끝나는 것이 아니다. 기본이 되는 이력서를 작성해 두고 6개월 단위로 꾸준히 업데이트를 해야 한다. 지원한 직무에 맞추어 적절히 변형시켜서 사용하는 노력도 필요하다.

Q9. 이력서 외에도 구직 활동에서 중요한 점이 있다면 어떤 것인지요?

A. 채용시장은 일반적으로 공개시장과 비공개시장으로 나뉜다. 신문광고나 인터넷 취업사이트, 헤드헌터를 활용한 채용 등이 공개시장에서 이루어진다. 이는 전체 채용시장의 극히 일부에 지나지 않는다. 대부분의 채용이 비공개시장에서 이루어지는데, 채용기업이 주변의 소개를 통해 구직자와 직접 접촉하는 경우가 이에 해당한다.

특히 중장년 재취업에서 주변인의 소개, 즉 네트워킹의 역할이 중요하다. 그렇다고 주변 사람에게 일자리를 대놓고 부탁하라는 의미는 아니다. 인터넷이 없던 시절에는 '집에 아픈 사람이 있으면 널리 알리라'는 말이 있었다. 좋은 의사를 소개받아 병을 빨리 고칠 수 있기 때문이다. 네트워킹도 비슷한 맥락이다. 퇴직 후에 일할 기회를 찾고 싶다면 구직 의사를 가능한 한 주변에 널리 알려야 한다. 지인들이 그 정보를 자연스럽게 그들의 주변에 알리게 되면 일자리로 연결될 수 있다. 물론 바로 연결되기보다는 서너 단계 건

너 연결되는 경우가 더 많다. 자신의 구직 의사를 보다 많은 사람에게 알리면 알릴수록 취업 성공 확률도 올라갈 것이다.

Q10. 재취업에서 자격증은 어느 정도로 중요한가요?

A. 재취업을 준비할 때 무조건 자격증을 많이 따면 유리할 거라고 생각하는 분들이 많은데, 꼭 그렇지는 않다. 자격증 시장의 왜곡이 심해졌기 때문이다. 자격증은 크게 국가자격증과 민간등록자격증으로 구분할 수 있다. 국가자격증은 산업인력관리공단에서 체계적으로 관리하고 있어 취득은 까다롭지만 신뢰도는 높다. 민간자격증은 공인자격과 등록자격으로 나뉘는데, 공인자격은 인증이 까다로운 반면, 등록자격은 단순한 등록절차만 밟으면 '자격증'으로 인정받는다.

O 자격증 종류

- 국가자격증 - 취득이 까다롭지만 신뢰도가 높다
- 민간자격증 - 공인자격(인증이 까다롭다)/등록자격(등록절차만 밟으면 인정)

민간단체가 손쉽게 '자격증 장사'를 할 수 있는 이유이다. '공인'이나 '인증'과 같은 수식어와 '취업 보장' 등의 과장광고를 통해 수많은 구직자들을 현혹한다. 1년에 6000개 이상의 새로운 등록자격이 생겨나서 현재는 등록자격의 수만 해도 3만 개가 넘는다. 실제 취업상담을 받던 분으로부터 '노인심리상담사' 자격증을 추천받았는데 이 자격증이 취업에 도움이 되겠냐는 질문을 받은 적이 있다. 확인을 위해 산업인력관리공단에서 운영하는 Q넷(www.q-net.or.kr)에 들어가 검색해보니 똑같은 이름의 자격증이 무려 68개나 있었다. 지금 검색해 보면 100개가 넘지 않았을까 싶다. 자격증 하나 취득하는데 필요한 비용과 시간을 생각해본다면 무분별하게 여러 개의 자격증을 따는 것보다 제대로 변별력을 갖춘 자격증 한 개를 따는 게 훨씬 나을 것이다. 물론 민간자격증이 모두 그렇다는 것은 아니다. 옥석을 가려야 한다는 것이다.

한국직업능력개발원에서 운영하는 민간자격서비스 사이트 (www.pqi.or.kr)에 들어가 자격증을 검색해보고 공인자격인지, 민간등록자격인지를 확인해 볼 필요가 있다.

Q11. 구직 중인 중장년에게 마지막으로 한마디 드린다면?

A. 꼭 염두에 두시길 바라는 점은 일에 대한 인식을 완전히 바꾸어야 한다는 것이다. 잔인하게 들릴지 모르지만 과거의 가치에 맞추겠다는 생각은 버려야 한다. 재취업을 희망하는 당사자뿐만 아니라 가족 모두가 함께 바뀌어야 한다. 재취업을 통해 현역 시절과 같은 수준의 생활을 영위한다는 건 생각처럼 쉽지 않다. 냉정하

게 현재의 재무상황을 따져보고 거기에 맞추어 살려는 노력이 필요하다. 극단적으로는 가정의 지출을 퇴직 전의 50~60% 수준까지 줄일 수도 있어야 한다. 국민연금을 언제부터 얼마나 받고, 실업급여는 언제까지 받을 수 있는지, 그 사이에 소득이 없는 기간은 얼마나 되는지 등을 계산해 보고 거기에 생활수준을 맞춰야 한다. 여행이나 취미생활은 재취업을 통한 소득으로 하겠다는 각오가 필요하다. 현역 시절의 생활을 기준으로 필요생활비를 계산하여 재취업에서 그만큼의 소득을 얻으려 한다면 그건 불가능에 가깝다. 또 그런 생각으로 재취업을 하게 되면 취업을 해서도 만족스럽게 일을 할 수가 없다.

내 친구 중에도 40대 후반에 퇴직을 한 뒤 만족스러운 일자리를 찾지 못해 오랜 시간 방황을 한 친구가 있었다. 영 눈에 차는 자리가 없어 모아둔 재산으로 생활을 하다 보니 그마저도 안 되는 시기가 왔다. 다행히 자녀들은 졸업 후 취업을 해서 더 들어갈 돈은 없었지만, 두 부부의 생활비로 월 200만 원만 벌었으면 좋겠는데 방법이 없는 것이다. 뒤늦게 템플스테이 창업에 도전했으나 개인 시간도 없이 24시간을 매달려야 했다. 한 직장에서 월급 200만 원을 버는 게 그만큼 힘든 일이다. 결국 방법을 바꿔 무조건 200만 원의 소득을 만들자는 생각으로 여러 파트타임에 나섰다고 한다. 시간제 보람일자리로 50만 원을 벌고, 다른 파트타임으로 40만 원을 벌고, 이런 식으로 말이다. 그나마 이렇게 생각하고 행동하는 것도 대단한 것이다. 이마저도 견디지 못하고 그대로 무너지는 중장년도 정말 많다. 이 친구가 이렇게 할 수 있는 것은 최악의 상황을 비교적 일찍 경험해 보았기 때문이다. 더 늦은 나이에 깨달으면 이런 방법마저도 찾기 어렵다. 재취업상담전문가로 일하며 이런 말을 한다는 게 부적절하지 않나 하는 걱정도 있다. 그러나 귀에 쓴 말이 약이 된다는 말처럼 잔인하더라도 현실을 아는 것이 그 무엇보다 중요하다.

NPO활동으로 보람 있는 후반인생을

퇴직 후의 삶에 대해 우리보다 먼저 경험을 한 선진국의 직장인들은 젊은 시절부터 퇴직 후 어떤 일을 하며 살 것인가에 대해 많은 관심을 갖고 준비한다. 좀 더 돈을 벌기 위한 일을 할 것인지, 자기실현을 위한 일을 할 것인지, 사회공헌적인 일을 할 것인지, 아니면 이 3가지를 병행하면서 살 것인지를 진지하게 생각하는 것이다. 미국 퇴직자의 70% 정도는 이 3가지 일 중에서 '자신에게 맞는 일을 한다'는 통계를 본 일도 있다. 그중에서도 노후생활비에 큰 걱정이 없는 퇴직자들이 주로 하는 일은 NPO활동이다. 여기에서 말하는 NPO란, Non-Profit Organization의 머리글자를 딴 것으로 '민간 비영리조직' 또는 '비영리활동' 등으로 번역을 한다.

NPO활동과 자원봉사(Volunteer)활동은 어떻게 다른가?

일반적으로 자원봉사 활동은 100% 무보수활동을 원칙으로 하는 경우가 대부분이지만 NPO활동은 약간의 보수를 받는 경우까지 포함시킨다. 시간당 적정 임금수준이 5000원인데 3000원을 받고 일을 한다면 그 차액에 해당하는 2000원만큼은 자원봉사로 본다는 것이다. 아무리 자원봉사라 하더라도 100% 무보수로는 오래 지속하기 어려우므로 교통비와 점심값 정도에 해당하는 보수를 지급해 능력 있는 자원봉사자들이 장기간 활동할 수 있도록 하는 것이다. 따라서 미국에서는 NPO에서 일하는 사람들도 취업인구에 포함시킨다. 미국 전체 취업인구의 10% 정도가 200만개 정도의 NPO에서 일을 하고 있다.

이웃나라 일본에서도 1995년 고베지역 지진피해를 계기로 NPO활동 활성화의 중요성이 급속하게 인식되기 시작했다. 지진 피해 복구과정에서 전통적인 공익법인들은 관료화된 조직의 성격, 정부규제 등으로 이렇다 할 역할을 못한 반면 풀뿌리NPO, 자원봉사 단체들은 눈부신 활약을 했기 때문이다. 당시의 상황이 계기가 되어 일본의 정책당국, 학자, 정당, NPO관계자들이 비영리법인을 쉽게 만들 수 있도록 의견을 모아 1998년에 제정, 시행한 것이 특정비영리활동 촉진법 즉, NPO법이다. NPO법은 민법의 특별법으로 의료, 복지, 교육 등 18개 분야에서 비영리활동을 하고자 할 경우 10명 이상의 참가자만 있으면 기본 재산이 없더라도 간단한 수속을 거쳐 특정 비영리 활동법인의 자격을 취득할 수 있도록 한 법이다.

NPO가 법인격을 취득하게 되면 계약의 주체가 될 수 있고 사회적인 신용도도 높아진다. 수탁사업, 정부보조금, 기부금 등을 받거나 공적시설을 이용하는 것도 쉬워진다. 이런 이유로 2018년 5월 말 현재 이 법에 의해 법인 인증을 받은 NPO는 52000개 정도에 이른다. 10여 년 전부터는 정년을 맞은 베이비붐 세대들의 고용창출 시장으로도 주목을 받고 있다.

나의 일본인 지인 하타 조우지 씨(72)는 일본 후지은행 국제영업 부문에서 30년 일한 후 자동차부품업체 '산덴'의 DC(확정기여)형 퇴직연금 도입업무 담당부장으로 전직한 게 계기가 되어 퇴직연금 교육 전문가가 되었다. 산덴에서 퇴직한 후에는 NPO법인 DC형 퇴직연금교육협회의 전무이사를 거쳐 현재는 NPO법인 푸르덴트 퇴직연금연구소의 이사장으로 활약하고 있다. 퇴직 직전에 DC형 퇴직연금제도 도입 업무를 담당하지 않았더라면, 일본에 NPO법이 도입되지 않았더라면, 72세의 나이에 약간의 수입을 얻으면서 이런 보람 있는 일을 할 수는 없었을 것이라고 하타 씨는 말하고 있다.

국내에도 풀뿌리NPO 또는 자원봉사활동을 하는
퇴직자들이 늘고 있다

인천에 거주하는 나영자 씨는 초등학교 교감으로 퇴직한 뒤 자기가 살고 있는 동네의 농협지점 2층에 '수다원'을 차렸다. 살고 있는 곳이 자연부락이 재개발된 동네라 문화, 교육 혜택이 미치지 못하는 게 안타까워 주민들에게 소통의 공간, 배움의 공간, 문화공간을 제공해보자는 의도에서였다. 초기에는 주민들의 쉼터로 조그맣게 시작했는데 현재는 마을주민들의 모임장소이면서 한글강좌, 동양화강좌, 독서모임을 하는 배움의 장소, 문화의 장소로 발전해 있다. 노인들이 초등학생들을 대상으로 한자, 바둑, 장기 등을 가르치는 장소로도 활용되고 있다. 농협지점장의 호의로 장소를 제공받고 필요경비 또한 사비로 시작했는데 지금은 농협본부와 구청에서 운용비를 지원해줄 정도로 발전했다. 자원봉사자들도 다수 참여하고 있다. 나영자 씨 자신은 이 일을 통해 홀로 집을 지키는 외로움 대신 이웃과 함께하는 기쁨을 얻었다고 한다.

대구에서 통계직 공무원으로 퇴직한 권재구 씨는 주간노인보호센터에서 노인을 돌봐주는 이른바 노노케어 봉사를 하면서 약간의 수당을 받고 있다.

그런데 주목되는 것은 이런 활동들이 전통적인 공익법인보다는 풀뿌리NPO나 자원봉사 단체에서 활발하게 이루어지고 있다는 점이다. 1990년대 NPO 활성화 정책 도입 이전의 일본 사정과 비슷하다. 국내에도 일본의 사례를 참고로 한 NPO 활성화 정책이 도입되고 더 많은 NPO가 생겨 퇴직자들에게 의미 있는 일자리를 제공해줄 날이 오기를 염원해 본다.

05

창직의 시대

청년실업이 넘쳐나는 요즘 일자리를 찾기란 결코 쉽지 않다. 결국 아주 처음부터 준비를 해서 자신이 해오던 일을 계속하거나 '창직'을 해야 한다. '창직'은 지금까지 없었던 일을 새로이 만드는 것을 의미한다. 조금 더 풀어보면 '창의적인 아이디어를 바탕으로 자신이 잘하는 분야 또는 하고 싶은 분야에서 새로운 직업이나 직무를 발굴하여 그 일을 통해 소속되어 있는 회사에서 오래 일을 하거나, 아니면 나가서 창업하는 과정'을 말한다. 그동안 쌓아온 자신의 경력과 지식, 인적 네트워크, 관심사 등을 활용해 스스로 자신의 일자리를 만들어 내는 것이다.

최근 인공지능(AI)과 같은 기술진보에 따른 인간 일자리의 미래가 최근 우리 사회의 뜨거운 관심거리가 되고 있다. 2016년 스위스 다보스에서 열린 세계 경제포럼의 미래일자리보고서에 의하면, 제4차산업혁명으로 인해 2015~2020년 사이에 사무행정직을 중심으로 710만개의 기존 일자리가 사라지고 210만개의 새로운 일자리가 만들어질 거라고 한다. 결국 현재 일자리 가운데 500만개 정도가 사라진다는 것이다. 이런 이야기를 들으면 '내 일자리는 과연 안전할까?'라는 공포감이 들지 않을 수 없다.

그러나 역사적으로 보면 기계와 자동화에 의한 인간노동의 대체는 일시적인 현상이었다. 오히려 장기적으로 볼 때는 기술진보가 일자리를 늘렸다고 볼 수 있다. 예를 들어 은행에 자동인출기(ATM)가 도입될 때 은행 내 고용이 감소할 것으로 예측되었으나 실제로는 자동인출기 도입으로 지점 운영비용이 절감되며 지점 수가 늘고, 그에 따라 고용이 늘었다. 은행직원들이 단순 입출금 업무에서 벗어나 고객에게 다양한 금융서비스를 제공하게 되었다는 분석도 있다. 사라지는 직업에 대한 공포감만 가질 것이 아니라 새로 생겨날 수 있는 일을 만들고 찾아내 대응해 나가야 한다.

즉, 인간만이 할 수 있는 일을 찾아내는 것이 중요하다. 우리나라는 아직 미국이나 일본과 같은 선진국에 비해 직업의 수가 많지 않다. 한국직업사전에 의하면, 우리나라의 직업 수는 최초 직업사전을 발간했던 1969년에 3260개 지나지 않던 것이 2017년 말에는 1만 2145개로 늘었다. 50년이 안 되는 사이에 4배 가까이 늘어난 것이다. 2015년 한 해 동안 새로 등록된 직업이 빅데이터전문가, 이혼상담사, 정리수납컨설턴트, 3D프린터개발자 등을 포함해 26개나 되었다. 일본의 2만 5000개, 미국의 3만 650개에 비해 우리나라의 직업 수가 많지 않은 만큼, 앞으로 우리 사회가 성숙되고 다양해짐에 따라 생각지 않았던 직업이 생기고 창직의 기회도 늘어나지 않을까 생각된다. 나 또한 금융투자업계에서 46년 가까이 일하며 우리나라 금융·투자시장의 발전과 성숙을 함께 겪어왔다. 그 과정에서 새로운 일을 시작할 기회가 서너 번 주어졌는데, 당시에는 의식하지 못했으나 그게 바로 창직이 아니었나 싶다.

다양한 창직 사례

다음은 언론에 소개된 두 가지 창직 사례이다.

○ 사례1: 시니어 잡지에 소개된 '디지털장의사'

광고업계에서 일하던 김호진 씨는 디지털장의사라는 새로운 일을 만들었다. 디지털장의사는 세상을 떠난 사람들이 온라인에 남긴 흔적, '디지털 유산'을 없애주는 사람이나 회사를 말한다. 김호진 씨는 광고업계에서 모델, 연예인을 발굴해서 등용시키는 일을 하던 과정에서 이 일을 창직하게 되었다고 한다. 그는 당시 소속 모델과 연예인들이 악성댓글과 게시물로 마음고생하는 것을 보며 같이 일하는 사람으로서 도와줄 방법이 없을까 고민하다 '인터넷에 떠도는 비방글, 조롱글, 과거사진과 동영상 등을 삭제해주면 어떨까?' 하는 생각을 했다. 잊혀질 권리를 지키는 것이 필요하고 가치 있는 일이라는 생각해 여러 가지 시장조사를 한 뒤 2008년에 연예인을 상대로 인터넷 기록을 삭제하는 일, 디지털장의사 사업을 창직했다. 지금은 개인과 단체, 기업의 평판 관리 및 삭제 업무를 하며, 그 비용으로 적게는 수십 만 원에서 많게는 억 단위까지 받고 있다. 디지털장의사는 2017년 한국고용정보원에서 선정한 향후 5년간 급성장할 유망직종 중 하나로 소개되기도 했다.

○ 사례2: 중앙일간지에 소개된 '정리컨설턴트'

새로운 직업을 만들어 낸 사람에게는 최초 또는 1호의 칭호가 붙는다. 윤선현 씨는 2010년 정리컨설팅을 국내에 처음으로 소개한 국내 1호 정리컨설턴트이다. 정리컨설팅이란, 고객의 주변정리를 도와주고 시간관리를 어떻게 해야 하는지를 가르쳐주며, 정보, 상품, 아이디어 해결구조나 방법, 시스템을 제공하는 일을 의미한다. 그는 중학생 때 혼자만의 작은 공부방을 갖게 되며 그 방을 소중하게 관리하려고 노력했다. 그 과정에서 자기계발과 성장 분야에 대한 관심을 갖게 되었다. 2002년에 우연히 복잡한 삶을 단순하게 사는 방법에 대해 알려주는 『단순하게 살아라』라는 책을 읽고 감명을 받아 직접 다른 사람의 공간, 관계, 시간 등의 정리를 도와주는 '인생관리전문가'가 되어야겠다는 결심을 했다. 이후 관련된 공부를 계속해 2010년 창직을 했고, 지난 8년간 저서 출판, 방송출연, 강연활동 등을 통해 정리컨설팅을 소개해왔다. 그 덕분에 이제는 정리컨설팅이나 정리대행 서비스를 제공하는 개인과 회사를 주위에서 어렵지 않게 찾아볼 수 있다.

개인적인 이야기이지만, 나 역시 몇 번의 창직 경험이 있다. 첫 번째 경험은 1990년대 초의 일이다. 국내주식시장이 외국인투자가에게 개방되었던 1992년의 전해, 나는 외국인의 투자자금을 유치하는 국제업무를 맡고 있었다. 그때 국내 한 잡지사로부터 해외 전문가의 원고를 받아달라는 요청을 받았다. 가까이 지내던 일본의 자산운용사 사장에게 원고를 받아 번역을 하면서 보니, 원고 중에 상장회사의 재무홍보를 하는 IR(Investor Relations)에 대한 내용이 있었다. IR의 의미와 중요성에 대해 처음 알게 된 순간이었다. 'IR이 참 중요한 일이다'는 생각으로 즉시 일본 전문가를 초청해 국내 최초 IR세미나를 개최했다. 그 후에도 IR과 관련된 일을 많이 하게 되었는데, 나의 권유로 IR지원전문회사를 설립해 성공을 거둔 지인도 있고, IR전문가가 되어 유력상장회사에 스카우트된 동료도 있다. 지금은 IR협의회까지 설립되어 다양한 활동을 벌이고 있다. IR전문가라는 새로운 직업이 정착된 것이다.

현재까지 내가 해오고 있는 투자교육과 노후설계교육도 창직의 사례로 볼 수 있다. 2000년대 초 자산운용사의 CEO였을 때의 일이다. 문득 자산운용 비즈니스가 성공하기 위해서는 운용만 잘해서 되는 게 아니라 투자자들이 원칙을 지켜 투자할 수 있도록 설득하는 일이 매우 중요하다는 생각을 하게 되었다. 당시 이미 선진국의 금융회사들은 다양한 방법으로 투자자 교육활동에 나서고 있는 경우가 많았다. 그때부터 업무 중 상당 부분을 투자교육활동에 할애했다.

CEO 임기가 끝난 후에 나는 한 금융그룹에 투자교육연구소 설립을 제안했고, 그 제안이 받아들여져 10년 가까이 투자교육연구소장으로 일했다. 내가 새로운 일을 만들어 시작한 셈이다. 베이비부머세대의 은퇴문제가 대두되기 시작한 2000년대 중반부터는 노후설계교육을 추가해 지금은 투자교육, 노후설계교육 모두 새로운 직업으로 정착되어 가고 있다. 46년 전 업계에 입문할 때만 해도 46년 후에 내가 노후설계전문가로 불리게 될 줄은 꿈에도 생각할 수 없었다. 이런 게 창직이라는 생각이 든다.

　창직에 관심을 가진 분들이라면 '창직연구소', '창직교육원', '창직협회' 등에서 관련 정보를 얻고 연수를 받을 수 있다. 서울시에서 만 50~64세까지의 장년층을 위해 다양한 서비스를 제공하기 위해 설립한 '서울시50플러스센터'에는 창직전문가 과정도 개설되어 있다. 다만, 이러한 기관에서 교육을 수료한다고 해서 당장 창직이 가능한 것은 아니다. 창직의 개념과 그에 필요한 마음가짐을 익히고, 창직 사례 등을 배운다면 전공, 취미, 재능, 관심분야 등 각기 다른 개인들이 자신에게 맞는 일을 만들거나 찾아낼 수 있을 것이다.

　물론 '창직'이 말처럼 쉬운 일은 아니라고 생각한다. 나의 경험 또한 우연의 산물인지도 모른다. 그러나 시대의 변화를 읽고 새로운 일을 만들어 내거나 기존의 것을 개선시키려는 노력을 계속해 간다면 자신도 모르는 사이에 그 노력이 창직으로 이어질 수 있다. 그 새로운 일을 통해 현재 근무하고 있는 직장에서 보다 유리한 위치에 설 수도 있고, 오래 근무할 수도 있고, 다른 회사로 스카우트 되어 갈 수도 있다. 퇴직 후에는 재취업이나 프리랜서로 일하거나 창업을 하게 될 수도 있고 말이다. 창직의 성공 여부보다 현역에 있을 때부터 '창직'에 대한 고민을 시작하는 게 중요하다는 것이다.

평생현역에 대한 부부의 생각 차이

"아니, 왜 남자들한테만 일을 해야 한다고 그러십니까? 요즘 점심 때 시내 음식점에 한번 가보세요. 맛있는 것은 부인들끼리 모여 앉아 다 먹고 있지요. 헬스클럽 한번 가보세요. 땀 뻘뻘 흘리며 운동하고 있는 부인들이 얼마나 많은지요. 그런데 왜 남자들에게만…."

얼마 전 노후설계 관련 강의장에서 한 남성 참가자로부터 들은 말이다.

지금 같은 100세시대에는 모자라는 노후자금 때문에도 그렇지만 퇴직 후 30~40년 동안의 보람 있는 삶을 위해서라도, 수입을 얻는 일이든 취미활동이나 사회공헌 활동이든 '일'을 갖는 게 중요하다. 100세시대의 가장 확실한 노후대비는 평생현역이다. 이런 취지의 강의를 했었는데 듣는 분들의 입장에서는 답답한 마음이었던 것 같다. 누가 일을 하기 싫어서 안 하겠는가? 50대 초반이면 조기퇴직을 해야 하는 상황인데 지금과 같이 청년실업이 넘쳐나는 시대에 마땅한 일자리는 있는가? 집에 있는 아내들은 남편들의 이런 답답한 심정을 알고나 있는가? 이런 심정이었을 것이다.

많은 남성들이 정년퇴직을 하고 나면, 그동안 많은 시간을 함께 보내지 못했던 아내와 외식도 하고 여행도 하며 오순도순 정답게 노후를 보낼 수 있을 거라는 기대를 품는다. 하지만 그렇지 않다는 것을 금세 깨닫게 된다. 아내는 더 이상 남편만 바라보는 해바라기가 아니기 때문이다. 밖에 나가 친구들과 모임을 갖거나 이런저런 취미를 즐기느라 바빠서 예전처럼 남편을 챙기려 들지 않는다. 남편 입장에서는 이런 아내에게 섭섭한 마음이 들지 않을 수 없을 것이다. 그런데 아내들은 놔두고 남편들에게만 평생현역을 말하면 화가 날 만도 하다.

얼마 전 강의를 끝내고 택시를 타고 가는데 운전기사님이 나이가 60세가 조금 넘어 보였다. 이분은 얼마 전까지만 해도 외국 회사의 서울 지사장이었다고 한다. 지사장을 할 때는 기사가 딸린 자가용에 부인은 사모님 소리를 들으며 남부럽지 않게 지냈다고 한다. 그런데 이분이 대단한 것은 지사장을 끝내자마자 바로 목표를 세웠다는 점이다. 3년 이내에 개인택시를 영업할 수 있는 자격을 얻는 것이었다. 그러기 위해서는 영업용 택시를 3년간 무사고 운전을 해야 하는데 그 당시가 1년 8개월이 되던 시기라고 했다. 주위 사람들은 이를 보며 "당신 참 대단하다"고 격려를 해주는데 정작 이분의 부인과 딸이 문제였다고 한다. 동네 창피하게 그런 일을 한다면서 시큰둥해한다는 것이다. 기사님이 "인생을 헛살았다"고 말하며 서글픈 표정을 짓던 순간을 잊을 수 없다.

따라서 아내들은 다른 무엇보다도 상실감에 빠져 있는 남편들을 위로하고 용기를 갖도록 해야 할 것이다. 그리고 돈이 되든 안 되든 남편들이 몰두할 수 있는 일을 갖도록 도와주어야 할 것이다. 30~40년의 긴 후반인생에서 부부 사이의 화목을 위해 남편이 소일거리를 갖는 것만큼 중요한 게 없기 때문이다. 아내들이 해야 할 일 중 특히 중요한 것은 남편들이 어떤 일을 하더라도 남의 눈을 의식하지 않고 긍지를 갖고 할 수 있도록 도와주는 일일 것이다.

남편들 또한 노후생활에 대한 부부의 생각차이를 인정하지 않으면 안 된다. 직장에서 힘들게 일하다가 퇴직을 했는데 '삼식이(퇴직 후 세끼 모두 집에서 밥 먹는 사람)'니 '영식이(한 끼도 안 먹는 사람)'니 하는 조롱 섞인 말을 들으면 화도 나겠지만 좀 더 냉정해질 필요가 있다. 자기 아내만 남편을 이해하지 못한다고 생각하기 쉬운데 다른 집 아내들도 다 똑같은 게 아닌가 하는 생각을 할 필요도 있다.

퇴직 후 '나만의 시간'을 기획하고 준비하자

실제로 관련된 사회조사 결과들을 보면 비슷하게 나타나고 있다. 한 예로, 미래에셋 은퇴연구소가 2014년 노후생활에 대한 부부의 생각 차이를 조사한 결과를 보면, 남편의 60% 정도는 하루의 절반 이상을 아내와 같이 있고 싶어 한 반면, 남편과 같은 생각을 가진 아내의 비율은 30%에도 미치지 못하는 것으로 나타났다.

그렇다면 아내들은 힘든 직장생활을 하다가 퇴직해서 돌아온 남편들을 왜 그렇게 부담스럽게 생각하는 것일까? 어느 날 갑자기 부부간의 신뢰가 깨져서 나타나는 현상일까? 아니면 부부 어느 한쪽에 문제가 생긴 것일까?

여러 가지 이유가 있겠지만, 100세시대가 되면서 퇴직 후에 부부 단 둘만 사는 시간이 늘어난 것도 무시할 수 없는 이유일 것이다. 종래에는 자녀를 여럿 낳는데다 수명도 짧고 손자손녀를 봐주기도 해야 하기 때문에 자녀가 독립한 후, 남편과 아내 단둘이만 사는 시간이 매우 짧았다. 서울대 한경혜 교수는 2013년 연구를 통해 '부부 단둘이 사는 시간이 1.4년에 불과했다'는 분석을 내놓기도 했다. 그러나 자녀를 적게 낳는데다 수명까지 늘어난 오늘날에는, 부부 단둘이만 사는 시간이 20년 넘게 늘어날 것으로 예상된다. 문제는 역사상 이러한 경험이 없었다는 데 있다. 단둘이 사는 데 대한 노하우가 없다는 것이다.

남편과 아내가 갖고 있는 은퇴관의 차이가 우리나라에만 나타나는 현상은 아니다. 이웃나라 일본도 마찬가지라고 한다. 일본의 은퇴전문가 오가와 유리가 2014년에 '인기 있는 은퇴남편 1순위'를 소개한 자료에 의하면, 일본에서 가장 인기 있는 남편은 집안일 잘 도와주는 남편, 건강한 남편, 요리 잘하는 남편, 상냥한 남편 중 그 어느 것도 아니고 '집에 없는 남편'이라고 한다.

세계의 아내들이 모두 이렇다면 한국 남편들도 노후생활에 대한 부부의 생각 차이를 인정하지 않을 수 없다. 남편은 아내와 함께 인생 2막을 꿈꾸는 경우가 많은 것과 달리 아내는 가정으로부터의 자유를 꿈꾸는 경우가 더 많다는 사실을 인정해야 한다는 것이다. 그러므로 남편들은 퇴직 후 '나만의 시간'을 기획하고 준비해야 한다. 재취업해서 수입을 얻는 일이든, 자기실현 활동이든, 사회공헌 활동이든, 체력이 허용하는 한 소일거리를 가질 수 있도록 준비하려는 자세가 필요하다.

6장

액티브시니어들을 만나다

01

초등학교 교장에서 이용사로 변신한 조상현 선생

한 부부가 40년 가까이 교직생활을 하고 초등학교 교장선생님
으로 퇴직을 했다면, 어떤 노후를 살고 있을까. 흔히 노후 걱정이
없는 직업으로 손꼽히는 것이 교사다. 더구나 부부가 모두 교장을
지냈다고 하니 이들의 노후를 염려하는 사람들은 많지 않을 것이
다. 조상현 선생도 그러했다. 장성한 두 아들을 장가도 보냈고, 연
금을 받으며 아내와 즐겁게 살 일만 남았다고 생각했다. 미리 마
련해둔 작은 텃밭을 일구고 취미를 즐기며 유유자적한 후반인생
을 꿈꾸었다. 그런데 막상 퇴직을 하니 그게 아니었다. 1년간 전원
생활을 하며 얻은 교훈은 '죽을 때까지 일을 해야겠다'였다. 그래서
60세의 늦은 나이에 이용기술을 배우기 시작했다. 2017년 봄에는

이용원을 열어 본격적인 제2의 인생을 시작했다.

"매주 월요일, 수요일, 금요일은 오전에 봉사활동을 하고 있어요. 정신병원이나 요양원, 상이군경회에 찾아가 이용 봉사를 합니다. 교직 생활을 할 때는 느껴보지 못한 감정을 많이 느껴요. 특히 정신병원에 알코올 중독이나 마약 중독으로 고통 받고 있는 젊은 사람들을 보면 참 마음이 아파요. 처음에는 이용 기술을 연습하기 위해 시작했던 일이지만 지금은 고통 받고 있는 청춘들에게 도움이 될 수 있게, 진실된 마음으로 봉사활동을 하고자 노력하고 있어요. 제가 건강하게 일할 수 있음에도 감사한 마음을 갖고 있죠."

나는 당당하게 늙고 싶다

막상 할 일도 없고 갈 곳이 없는 정년 이후, 조상현 선생은 일상의 모든 재미를 잃었다. 그러던 중 우연히 동네 모퉁이의 이용원에서 80세쯤 된 백발의 이용사를 보고 큰 변화를 맞이했다. 두 다리에 힘만 있으면 평생을 저 어르신처럼 일할 수 있겠다는 생각이 들었기 때문이다. 다른 사람의 용모를 다듬어 기분을 좋게 해주는 의미 있는 일이라는 생각도 들었다. 쉽게 대체되지 않고 스스로 기술을 연마할 수 있는 장인정신이 필요한 일이기도 했다. 그날로 이용학원을 찾아가 3차례의 도전 끝에 이용 자격증을 취득했고, 2017년 3월 〈너와 나〉이용원을 개원했다.

"저에게도 쉬운 결정은 아니었어요. 굳이 궂은일을 왜 하려고 하나며 말리는 분들도 많았죠. 아내는 지금도 크게 반겨주지는 않아요. 기술을 배우는 것도 어려웠지만 이용원 개업을 위한 과정도 도전의 연속이더라고요. 임대료가 너무 비싸 원하던 곳을 대신해 동네 골목에 작게 자리를 얻었고, 중고품으로 실내를 채웠지요. 사실 책임져야 할 자식이 있는 것도 아니고 경제적으로 큰 어려움이 없다 보니 일이 절실한 상황은 아니었어요. 사서 고생한다는 주변의 반대도 이해는 돼요. 당장 생활의 어려움이 있었다면 저도 이렇게 과감한 도전을 하지는 못했을 거예요. 하지만 돈과는 무관하게 나를 위해, 다른 사람을 위해 봉사하고자 하는 마음이 있었기에 시작할 수 있지 않았나 싶어요. 그래서 이용 가격도 다른 곳에 비해 저렴하게 받고 있고요. 〈너와 나〉는 친구가 지어준 이름인데 '우리'를 위한 공간에 제격인 이름이지 않나요?"

'일'은 고독을 견디는 수단이다

'우리'를 위한 〈너와 나〉 이용원은 이용도구외 불필요한 물건이 전혀 없다. 스스로 나태해지지 않고 계속해서 부지런해지기 위한 결정이었다.

"이용원에 손님이 없다고 TV만 보며 하루를 보내면 안 돼요. 탁자도 일부러 두지 않았어요. 친구들과 모여 앉아 식사도 하고 이야기를 하다 보면 '일'을 할 수 없잖아요. 그 시간에 이용 기술을 연습하고 책을 읽고 공부하며 스스로 행복을 찾으려고 해야지요. 손님이 오기만을 기다리면 그 또한 얼마나 지루하겠어요. 집이 근처이지만 이곳에서 제가 할 수 있는 일을 하는 것이 정말 행복해요. 퇴직을 하고 새로운 일을 하며 느낀 점은 '일'이 돈을 벌기 위한 것이기도 하지만 고독을 견디는 수단이라는 거예요. 돈만 있다고 행복하지는 않으니까요. 자신을 위한 공간에서 할 수 있는 일이 있다는 것이 노후가 즐거울 수 있는 최고의 방법이라고 생각해요. 주변의 친구들도 다들 대단하다고 말하죠. 단지 5년, 10년 후가 아니라 20년이 지나도 할 수 있는 일을 하고 있다고요. 지금보다 시간이 흘러 새로운 것을 시작하고 싶더라도 그땐 도전이 더 두려운 나이가 되어있을지도 몰라요. 그러니 하루라도 빨리 시작해야지요."

그는 2017년 5월 부산 이용인 기능경진대회에서 살롱부문 금상을 수상했다. 누구보다 알찬 하루하루를 보낸 성과이다. 새내기 이용사의 실력이 못 미더워 쉬이 머리를 맡기지 못했던 아들도 이제는 손주의 손을 잡고 찾아온다.

"이용원을 개원하기 전에는 손님이 많이 올 줄 알았어요. 친구들이라도 한 번씩 찾아주면 충분하지 않을까 생각했죠. 그런데 자신의 마음에 드는 이발소를 찾는 게 쉽지 않은 거더라고요. 이사를 가도 이전 동네까지 머리를 하러 가는 사람도 있고요. 이용이라는 게 사람의 신뢰를 얻는 과정이라고 보면, 참 쉽지 않은 일이었죠. 부지런히 기술을 연마하기도 하고 나름의 서비스 정신을 갖추기 위해 항상 노력 중이에요. 이용원을 하며 가장 기분 좋을 때가 한번 왔던 손님이 다시 찾아줄 때에요. 같이 이야기를 나누다 보면 어찌나 기분이 좋은지 몰라요. 얼마 전엔 40대 초반의 손님이 초등학교 3학년쯤 된 아들을 데리고 왔는데, 젊은 사람들에게 익숙하지 않은 이용원을 찾아 준 부자(父子) 손님이 무척 반가웠어요. 처음에는 월세 30만을 맞추기도 어려웠었죠. 6개월이 지나며 조금씩 소득이 생기기 시작했고, 1년쯤 되니 단골손님도 여럿 생기더라고요. 이제 어느 정도 자리를 잡은 게 아닌가 싶어요. 용돈 이상의 수입을 기대하는 것도 가능해졌어요."

말을 아끼고 귀를 열어 소통하라

끊임없는 기술 연마 외에도 다양한 사람과 어울려 지내기 위한 조상현 선생만의 조언도 이어졌다. 늦은 나이에 이용을 시작했기 때문에 손님을 맞이하고, 젊은 사람들과 함께 봉사활동에 참여하는 것이 쉬운 일은 아니었다.

"나보다 젊은 사람들과 함께하다 보니 행동을 조심하려고 해요. 열 마디 할 것도 한 마디를 하고, 말을 하기보다는 들으려고 하죠. 손님에게도 마찬가지예요. 먼저 말을 꺼내지 않고 호응을 주로 해

요. 다른 사람의 의견을 존중하고 내 의견을 관철시키지 않는 태도
가 가장 중요하다고 생각해요. 누가 먼저 물을 때 의견을 제시할
뿐이지요. 그렇게 말을 아끼다 보니 이전에는 알지 못했던 다양한
정보를 얻기도 해요. 단골손님 중에 한 분이 택시기사인데, 교직에
있을 때는 주로 책을 통해 지식을 접했다면, 이분과의 대화를 통해
새로운 세상 소식을 배우고 있죠."

힘든 곳에서 내가 할 수 있는 일을 찾아야 한다

분명 이용사로서의 후반인생은 그가 꿈꿔왔던 노후의 모습은 아
니었다. 그도 으레 보통의 사람들처럼 텃밭과 함께하는 평온한 노
후를 기대했다. 조상현 선생과 비슷한 후반인생을 꿈꾸는 사람들
에게 해주고 싶은 말이 있다고 한다.

"40년을 일하고 퇴직했는데 또 다른 40년이 나를 기다리고 있더
라고요. 그 긴 시간을 아무것도 안 하고 살기란 너무 힘들 겁니다.
내가 할 일이 있어야겠더라고요. 그런데 퇴직을 하고 난 뒤에 무엇
을 할까 찾는 것은 이미 늦지 않나 싶어요. 저도 우연한 기회에 새
로운 일을 얻게 되었지만 준비 과정이 녹록치 않았고요. 무슨 일이
라도 할 일이 있어야 하는데, 젊은 사람들도 일이 없는 때에, 나이
든 사람들이 할 일이 있겠습니까? 결국은 다른 사람이 하지 않으려
는 일에서 찾아야지요. 지금도 교장을 지내고 이용원을 한다고 저

를 이해 못하는 사람도 많아요. 하지만 저는 스스로 당당하거든요. 공무원으로 일하고 있는 아들에게도 지금부터라도 기술 하나 배워두면 노년을 즐겁게 보낼 수 있다고 말해요. 아들도 부정은 안 하더라고요. 내가 할 수 있는 일을 찾되 힘든 곳에서 찾으려고 노력하는 자세가 필요하지 않을까 싶어요. 1년간의 전원생활에서 얻은 교훈은 사람은 사람 속에 살아야 한다는 거예요. 내가 당당하게 할 수 있는 일을 갖고 사람들 속에서 좋은 점은 배우고 나쁜 점은 버리며 살아가야죠."

2014년 창원시 마산 진동초등학교의 교장선생님으로 퇴직하며 40년간의 교직 생활을 마쳤다. 현재는 마산회원구에 위치한 〈너와나〉 이용원의 원장으로 제2의 인생을 당당하게 보내고 있다.

통계직 공무원에서 주간보호센터 보조원으로 변신한 권재구 선생

대구에 위치한 '복음재단 가나안 주간보호센터'에는 어르신들에게 인기만점인 '권 선생'이 있다. 출퇴근을 할 때나 노래 수업에 참여할 때, 장기나 바둑을 둘 때도 그를 찾는 어르신들의 부름이 쉴 새 없이 이어진다. 몸이 열 개라도 부족하다는 그 인기의 주인공은 2017년 초부터 주간보호센터 보조원으로 근무하고 있는 권재구 선생이다. 권재구 선생은 지난 2015년 말 38년간의 공직생활을 마무리하고 1년 정도의 휴식시간을 보낸 뒤 주간보호센터에 재취업을 했다. 퇴직 후 달콤한 휴식을 즐기는 대신 새로운 직장을 찾은 것이다. 평생직장이 아닌 평생직업을 찾아야 되는 시대가 되었다고는 하지만 이를 행동으로 옮기는 것은 쉽지 않다. 그러나 그는 평생직업이야말로 행복한 노후를 위해 반드시 필요한 일이라고 말한다.

권재구 선생이 처음부터 재취업이 필요하다고 느낀 것은 아니었다. 오히려 퇴직만 하면 실컷 놀아야겠다고 생각했었다. 그러나 아침에 일어나 갈 곳이 없고 하루하루를 어떻게 보내야 할 지 고민하는 것은 참 힘든 일이었다. 스트레스로 인해 위장병이 생길 정도였다. 모든 인간관계가 직장을 중심으로 이루어져 있던 까닭에 옛 고향 친구를 제외하고는 집 주변에 친구도 없었다. 반면 아내는 생활 반경 내에 이미 충분한 인간관계를 쌓고 있었다. 온종일 집에서 있는 남편을 챙기기엔 아내의 하루는 너무도 바빴다. 그러니 절로 아내의 눈치를 보게 되었다.

재취업의 길은 멀고도 험난하다

아내의 성화에 떠밀려 처음 재취업을 준비할 때만 해도 그는 자신만만했었다. 공직생활을 하며 5차례에 걸쳐 국무총리와 장관 등의 표창을 받기도 했고 사무 업무와 관련된 각종 자격증을 가지고 있었기 때문이다. '나 하나쯤 취업할 곳이 없겠나'는 생각으로 100여 개의 회사에 사무원, 사무보조원, 행정관리직, 사무장 등으로 이력서를 냈다. 그러나 그를 기다리고 있던 것은 높디높은 재취업의 벽이었다.

"너무 많은 데서 연락이 오면 어떻게 해야 할까 고민했었어요. 그런데 이게 웬일인지 3개월이 지나도록 연락 오는 곳이 하나도 없는 거예요. 많은 보수를 바란 것도 아니고 저처럼 경력 많은 사무원을 채용하면 회사에 훨씬 도움이 될 텐데 왜 소식이 없을까 싶었죠. 나중에 알고 보니 제가 지원한 장년모집의 대상은 40~50대더라고요. 60대에 들어선 저는 이미 취업시장에서는 고령자였던 거예요. 내 나이가 벌써 그렇게 됐나 하는 허탈한 마음에 포기하고 싶었어요. 생활에 활력을 되찾기 위해 재취업에 도전한 건데 오히려 나는 쓸모없는 없는 사람이라는 생각이 들고 점점 자신감을 잃게 되더라고요."

약간의 우울증이 생길 만큼 힘든 시기였다. '나이'라는 어쩔 수 없는 핸디캡도 극복해야 했다. 그때 도움이 되었던 것이 바로 퇴직 전 동료직원을 따라 들었던 은퇴설계교육이었다. 당시 강사가 강조했던 대로 눈높이를 낮춰 고령의 나이에도 할 수 있는 일을 찾는 데에 집중했다. 화려한 이력서가 아닌 '맞춤형 이력서'를 작성하려는 노력도 있었다.

"나이와 무관하게 할 수 있는 일 중 제가 원하는 조건에 맞는 일을 찾고자 했어요. 특별한 자격요건 없이 주간에 적당한 여유시간을 가질 수 있고 집에서 가까운 곳에서 할 수 있는 일을 찾고 싶었죠. 그중 하나가 바로 주간보호센터 보조원이었어요. 최근 새롭게 생긴 직업인데 간호사와 요양사를 보조해 어르신들의 생활을 돕는 일이에요. 업무와 연관 없는 수상내역이나 경력은 과감하게 버리고, 지원한 회사에서 필요한 업무능력을 위주로 맞춤형 이력서도 썼어요. 그렇게 간절히 준비한 덕분인지 두 회사에서 면접 기회를 얻을 수 있었죠."

그러나 떨리는 마음으로 도착한 면접장에서 그는 청천벽력 같은 말을 들었다. 어르신들의 돌봄(케어)에는 여자가 더 적합할 것 같아 여자직원을 채용했으면 한다는 말이었다. 힘들게 얻은 기회이니만큼 그 허탈함도 상당했다. 이왕 불합격이 될 거면 속 시원하게 말이라도 한 번 해보자는 심정으로 남자직원을 뽑았을 때의 장점을 조목조목 얘기했다. 이때의 한마디가 면접관들의 마음을 움직였다. 만장일치로 권재구 선생을 뽑은 것이다. 결과 발표 날, 밤새 잠을 설치고 혹시나 하는 기대로 전화를 기다리고 있던 그에게는 꿈만 같은 소식이었다.

나를 필요로 하고, 내가 행복한 직장

주간보호센터에 대한 권재구 선생의 애착은 남다르다. 100여 번이 넘는 도전 끝에 얻은 직장일뿐더러 그를 필요로 하는 분들이 있기 때문이다. 물론 40년 가까이 공직생활을 한 입장에서 한참 어린 후배에게 새로운 일을 배운다는 것이 쉬운 일은 아니었다. 30~40

대가 대다수인 동료들과의 관계도 어색했다. 서로가 조심스럽고 어려울 수밖에 없었다.

"많은 사람들을 관리하는 자리에 있다가 새로 일을 배우는 입장이 되니까 모든 것이 낯설더라고요. 다행히 센터 소장님이 저의 현역 시절의 경험을 활용할 수 있는 기회를 주셨어요. 외부 발표자료를 만들 때 문서 작성과 PPT 제작 기술을 젊은 동료들에게 가르쳐주기도 했지요. 저의 노하우를 전수해주며 새로운 일을 배우다 보니 보다 빨리 적응할 수 있었던 것 같아요. 내 직장이라는 강한 소속감도 가지게 되었고요."

센터에 계신 20여명의 어르신들도 권재구 선생에게 특별한 의미를 갖는다. 그에게는 고향에 아흔에 가까운 어머니가 있다. 친구들과 즐겁게 사는 것이 좋다는 어머니의 의지에 따라 직접 모시지 못하는 대신 진심을 다해 센터의 어르신들을 모시고 있다.

"고향에 계신 어머니가 생각나 어르신들께 소홀히 대할 수가 없어요. 어르신들도 저를 특별하게 여겨주시고요. 아마 직원들 중 제가 어르신들과 제일 가까운 나이라 속마음을 더 이해해준다고 생각하시는 걸 지도 모르겠어요. 매일 제가 오기만을 기다리고 반겨주는 어르신들을 볼 때마다 직장생활을 할 때 느껴보지 못한 벅찬 감정을 느껴요. 노래를 잘 하지도 못하는 제가 어르신들을 위해 주말마다 노래 연습을 한다니까요? 제게 노래를 시켜야 한다고 아픈 몸을 이끌고 매일같이 센터에 오시는 어르신들이 계시기 때문이에요. 이렇게 저를 필요로 하는 분들이 많으니 제 존재감을 찾게 되고 하루하루가 감사해졌어요."

권재구 선생의 이야기는 주간보호센터 운영자 회의에서 화제에 올랐다. 최근 주간보호시설이 우후죽순처럼 늘어나면서 마음에 들지 않는 점이 있으면 쉽게 시설을 옮기는 어르신들이 많아졌다. 이럴 때 권 선생처럼 어르신들이 먼저 찾는 직원이야말로 놓칠 수 없는 인재인 것이다. 어느 누가 그에게 나이를 문제 삼아 퇴직을 거론할 수 있을까.

두드려라, 그러면 열릴 것이다

포기하지 않고 끊임없이 도전한 결과, 권재구 선생은 완전히 새로운 삶을 살고 있다. 매일이 보람차고 즐겁다. 그럼에도 그는 여기에 멈추지 않고 또 다른 도전을 준비하고 있다. 오후의 쉬는 시간을 활용할 일을 찾고 있는 것이다. 그는 퇴직을 앞둔 분들에게 그와 같은 끈기를 가져야 한다고 조언한다.

"저는 현역 시절에 재취업을 생각해본 적이 없었어요. 하지만 이제는 후반인생에서 일은 선택이 아닌 필수라고 생각해요. 저는 제가 지금 일하고 있는 곳이 가슴 벅차도록 좋아요. 규칙적인 생활을 하다 보니 건강검진 결과도 눈에 띄게 좋아졌고요. 일을 하며 젊어지고 있는 거죠. 이렇게 되기까지 마음고생이 참 많았어요. 퇴직 준비를 미리 해두지 못했고 재직 당시 제 능력만 믿고 재취업이 쉽게 될 줄 알았으니까요. 그래서 퇴직을 앞둔 분들에게 나이가 들어도 취업하는 데 도움이 될 수 있는 자격증을 준비하라고 권하고 싶어요. 앞으로 고령인구 증가와 관련해 새로운 직업들이 계속 생겨날 거예요. 최근 제가 관심 있게 살펴보고 있는 '시니어 차량 안전 지도사' 같은 일자리처럼요. 물론 재취업이 쉽지는 않지만 저처럼 주변을 세심히 찾아보고 노력하면 분명 좋은 결과를 낼 수 있다고 믿어요."

2015년, 동북지방통계청 사무소장으로 38년 공직생활을 마쳤다. 현재는 복음재단 가나안 주간보호센터 보조원으로 근무하면서 시정 모니터 요원, 동북통계청징계위원, 동 대표로 활동하며 바쁘지만 보람찬 후반인생을 보내고 있다.

중년 이후 시인과 화가로 변신한
송남영 시인·박영철 화백

2017년 출간된 『자작나무의 길게 선 그리움으로』는 중년을 훌쩍 넘긴 두 사람이 한 사람은 시를 쓰고, 또 한 사람은 그 시에서 받은 영감으로 그림을 그려 완성한 시화집이다.

고교 동창이었던 송남영 시인과 박영철 화백은 50대 중반이 되어서야 '시화회'라는 모임에서 다시 만났다.

"당시 하던 사업을 접고 삶 전체가 꽤나 우울하던 시기였어요. 그런 2003년 봄 어느 날, 이 친구(박영철 화백)가 전화를 걸어와 '시화회'라는 모임을 만들었으니 참여해달라는 이야기를 하더군요. 졸업 후 36~37년 만에 걸려온 낯선 전화의 뜬금없는 제안에 처음에는 어리둥절했죠. 수차례에 걸친 집요한 권유에 마지못해 한두 번 나갔는데 점점 모임의 분위기에 빠져들게 되더라고요. 그냥 노는 모임이 아니라 시를 쓰고 평론도 하는 진지한 시간이 삭막했던 삶이 바뀌는 계기가 되었죠. 그렇게 잊고 있었던 젊은 날의 시심을 되살려 2005년 봄, 계간지『시와시학』의 신춘문예에 등단하는 기쁨을 맛보게 되었어요. 박영철 화백이 저를 시인으로 만들어 준 셈이죠."

송남영 시인은 고교시절 문예부 반장을 할 만큼 문학에 관심은 있었지만, 이공계 대학으로 진학하며 사회생활도 시나 문학과는 거리가 있는 삶을 살아왔다. 졸업 후에 종합상사에서 근무하다 원목을 수입해 국내에 공급하는 목재 관련 회사를 설립하기도 했다. 사업을 정리하고 새로운 일을 준비하던 중, 박영철 화백의 권유로 시의 세계에 발을 들여 놓게 된 것이다.

"처음엔 시를 쉽게 생각했는데 막상 다시 시를 배워서 쓴다는 게 쉽지는 않았어요. 영감을 얻을 수 있는 대상에서 느껴지는 순간적인 느낌과 정서에 옷을 입힌다는 생각으로 시를 쓰곤 하죠. 그러다 보니 직장생활이나 사업경험이 직접적으로 도움이 되지는 않더라도 제 경험이 자연스럽게 반영되더라고요. 특히 50대가 되어 시를 쓰다 보니 세상의 쓴맛, 단맛을 다 겪어본 사람으로서 나 자신을 되돌아보는 시를 쓰게 되는 것 같아요."

10년 전 약속이 이루어지다

두 친구에게 시화집을 내는 것은 먼 꿈같은 일이었다. 10년 전 포장마차에서 술 한 잔 마시며 '우리 시화집 한 번 같이 내보자' 하고 약조했던 말이 전부였다. 이후 송남영 시인은 다시 일상으로 돌아갔고 박영철 화백은 먼 뉴질랜드로 이민을 갔다. 세월은 무심코 흘러 두 친구 모두 70세가 되었다.

"2016년이 시화집을 내자고 약속한 지 10년이 되는 해였어요. 연로하신 어머께 더 늦기 전에 제가 쓴 시집을 보여드리고 싶기도 했고요. 2003년부터 꾸준히 써온 시를 모아 박영철 화백에게 보냈고, 박영철 화백이 제 시를 읽고 받은 영감을 바탕으로 2달여에 걸쳐 60점의 역작을 그렸죠. 시 한 편에 그림이 한 장씩 수록된 시화집은 그렇게 완성했어요."

시와 그림을 통해 전해지는 위로와 용서

박영철 화백도 계속 그림을 그려왔던 것은 아니다. 그 역시 학창 시절 취미로 그림을 그렸지만 경영학을 전공해 이후 항공회사에서 사회생활을 시작했다. 붓을 다시 잡은 것은 은퇴 후 뉴질랜드로 떠난 이후다. 그는 현재 뉴질랜드의 한 아트센터에서 유화를 가르치고 있다. 젊은 날의 꿈을 되살려 화가로서 제2의 인생을 즐기고 있다. 그는 그림을 통해 비로소 진정한 자신의 모습을 되찾을 수 있었다 말한다.

"지금의 젊은 사람들도 그렇겠지만 30, 40대 인생은 경쟁으로 가득했어요. 출세를 위해 밤낮 없이 일하고 주변의 사람들을 제치려고만 했죠. 그러다 50대 중반이 되어 주위를 둘러보니 다 도토리 키재기더라고요. 출세와 돈이 의미가 없어지고 나를 위해 살고 싶어졌어요. 비교가 무의미해진거죠. 나이가 들어갈수록 과거에서 벗어나 현재의 일상에 얼마나 관심을 가지고 만족하느냐가 가장 중요해지는 것 같아요. 제대로 된 자신의 모습을 되찾을 수 있는 노후야말로 진정으로 행복한 노후 아닐까요?"

시나 그림, 음악 등 노후에 예술가로서 살고 싶어 하는 사람은 많다. 그러나 전혀 다른 길에 도전하기란 쉽지 않은 일이다. 송남영 시인과 박영철 화백처럼 적잖은 나이에 예술을 꿈꾸는 것은 상당한 용기를 필요로 한다. 그런 사람들을 위해 송남영 시인은 이런 조언을 한다.

"예술은 결국 사람과 사람의 만남이라고 생각해요. 현란한 기교보다 그 속에 사람들의 진솔한 이야기를 담아야 해요. 시나 산문이나 마찬가지에요. 저는 개인적으로 작은 성취를 이루어보기도 했고 실패를 겪고 외로운 시기를 겪기도 했어요. 갑작스런 병마에 시달리기도 했고요. 과거를 되돌아보면 자랑스러운 경우보다는 괴롭고 부끄러운 기억이 더 생각나는 것 같아요. 그때마다 스스로 그

상처를 감싸고 사랑하는 마음을 갖고자 노력해요. 시를 쓰며 스스로를 치유하고 나아가 다른 사람을 위로할 수 있도록요. 저는 시를 다시 만난 덕분에 마음이 너그러워지고 노후의 시간이 훨씬 풍요로워졌어요. 예술, 시를 어렵다고 생각하지 말고, 자신과 내가 사랑하는 사람과의 이야기를 담아낸다고 생각하면 훨씬 다가가기 쉬울 거예요."

1인기업가로 '평생현역'을

송남영 시인은 시인이며 동시에 1인기업가다. 실험기자재를 공급하는 사업을 5년간 이어오고 있다. 거창한 사무실에서 여러 직원을 둔 큰 규모의 사업은 아니지만 자택 서재에서 1인기업가로 근무하며 평생현역을 실천 중이다. 사무기기 발달로 별도의 공간 없이도 사업 운영이 가능해졌다. 인터넷과 이메일로 주문을 받아 택배로 상품을 공급하고, 대부분의 업무는 인터넷으로 처리가 가능하다. 오히려 자택 근무를 하며 운영비용도 절감되었고 개인 시간을 유연하게 활용할 수 있게 되었다. 시인과 기업가를 동시에 할 수 있는 이유다.

"나이가 드니 큰 규모로 사업을 유지하는 게 부담이더라고요. 다행히 요즘은 기술이 좋아서 충분히 혼자 일할 수 있는 환경이 되었어요. 젊었을 때는 일에 치여 다른 여유가 없었다면, 이제는 적절

한 수준까지만 일을 하고, 남는 시간에는 제가 하고 싶은 일을 할 수 있죠. 오히려 은퇴를 하고 온전한 제 모습으로 되돌아온 느낌이에요. 꿈 많던 고등학생 시절로 다시 돌아간 것 같아요. 이제 시집 발간이라는 제 버킷리스트 항목 하나를 지웠으니 그 다음 꿈을 그려볼까 해요."

다음은 새로운 꿈을 그려가겠다는 송남영 시인이 전하는 시 한 편이다.

답청(踏靑)

밤도와 초록초록
속삭이는 봄비

어둠과 마침내
뒷자락의 부끄러움마저
씻고 또 씻어

그만 훤해져버린
새날의 알몸

맨발로

꾹꾹 밟고 가리라

잃어버린 것과

함께 묻은 슬픔의 목록들을

송남영 시인은 종합상사에서 사회생활을 시작하여 목재 수입회사를 운영했다. 현재는 재택근무로 실험기자재를 공급하는 1인 기업가로 활동하고 있으며, 동시에 시인의 길을 걷고 있다. 박영철 화백은 항공회사에서 근무하다 패션 분야에서 오랜 시간 일했다. 은퇴 후 뉴질랜드에 거주하며 오클랜드 아트센터에서 유화와 사진을 가르치고 있다.

---- | 04 | ----

퇴직 후 끝없는 배움을 실천 중인 유장근 선생

얼마 정도의 돈을 모았다고 노후 준비가 끝나는 것은 아니다. 길게는 40년이 넘는 노후의 긴 시간을 '어떻게' 보낼지에 대한 준비도 필요하다. 오죽하면 퇴직 후 집에서 밥 세끼를 다 먹는 남편은 '삼식이'라며 구박 받는다는 말이 있겠는가. 그만큼 치열한 일터에서 벗어나 온전히 자기 자신에게 주어진 24시간을 제대로 보내기란 쉬운 일이 아니다. 30년간 다니던 대기업에서 퇴직한 유장근 선생도 같은 고민을 했다. 그는 '나는 누구인가?'라는 질문에 대한 답을 찾기 위해 아내와 800km가 넘는 순례길을 다녀왔고, 지금은 누구보다 바쁜 하루를 살고 있다. 하루 24시간을 어떻게 보내야 할 지 막막하다는 퇴직자들과 사뭇 다른 생활이다.

퇴직 후 발견한 새로운 재능

유장근 선생은 대한민국의 다른 중년의 가장들과 비슷한 길을 걸어왔다. 1980년 한 대기업에 일반 사원으로 입사한 이후 일에 몰두했다. 열심히 일한 결과 부사장 직위에까지 올랐고 지난 2010년 1월 퇴직을 했다. 남부러울 것 없을 인생이었지만 퇴직 후 찾아온 공허함은 생각보다 견디기 힘들었다.

"퇴직 후 백수로 지내다가 불현듯 이렇게 지내면 안 되겠다는 생각이 들었어요. 변화의 필요를 느껴 마침 아내가 제안했던 스페인 산티아고 순례길로 여행을 떠났습니다. 아내와 함께 배낭을 짊어지고 꼬박 33일간 800km를 넘게 걸었어요. 그 시간을 통해 '퇴직 경험이 나쁜 것만은 아니구나'는 걸 느꼈어요. 과거를 정리할 수 있는 시간을 갖고 미련을 버리고 난 후에야 앞으로 나아갈 수 있다는 것을 깨달은 거예요.

여행에서 돌아와 당시 썼던 일기를 읽는데 감회가 새롭더군요. 그때의 감동을 다른 사람과 나누고 싶었어요. 수차례 출판사를 직접 찾아간 끝에 출간 제의를 받았어요. 이때가 인생에서 가장 행복했던 순간 중 하나에요. 직장에서는 해본 적 없는 일을 해냈다는 뿌듯함이 들었어요. '내가 글 쓰는 재주가 있나?' 하는 나도 몰랐던 재능을 발견한 느낌도 있고요. 출판을 계기로 스스로에 대한 자신감이 생겼고 '내가 하고 싶은 일을 하며 살아보자'고 다짐했죠. '마

211

음대로 하자'는 의미가 아니라 사회에 기여하며 가치 있게 살겠다는, 인생의 큰 방향을 정한 거예요."

잘 죽는 것은 잘 사는 것

그는 이후 다양한 일에 도전해 오고 있다. 제일 먼저 시작한 일은 '호스피스 봉사'이다. 10여 년간 병원에서 봉사를 해온 아내를 따라 시작한 일을, 지금까지 5년 넘게 이어오고 있다.

"호스피스 봉사를 하며 나의 죽음에 대해 많이 생각해요. 수많은 죽음의 곁을 지키면서 '나도 언젠가 죽는구나'라는 사실을 절실히 느끼죠. 모든 죽음이 힘들지만 그중엔 기쁘게 받아들이는 죽음도 있었고, 두려운 죽음도 존재했어요. 나이와 무관하게 말이죠. 자연스레 '나는 어떻게 죽음을 맞이해야 할까'를 고민하게 되더라고요. 제가 내린 결론은 '잘 죽는 것은 잘 사는 것'이라는 거예요. 죽음을 별난 일이 아니라 지극히 정상적인 인생의 일상적인 한 부분으로 받아들이게 된 거죠. 잘 죽기 위해 잘 살고, 그리기 위해 남을 위해 살아야겠다는 결심을 했어요."

배움에는 끝이 없다

남을 위해 살겠다는 유장근 선생은 내가 배운 것을 다른 사람과 나누는 것 또한 봉사라고 생각한다. 그가 끊임없이 배움에 도전하는 이유다. 그는 서울 중림복지관에서 중국어를 가르쳤고, 서울대학교 미술관에서 도슨트로 활동하며 강좌를 진행했다. 놀라운 점은 그가 원래 중국어에 능숙하고 미술에 조예가 깊었던 것이 아니라는 점이다.

"퇴직 후 중국 여행을 같이 간 친구가 중국어를 유창하게 하는 모습이 인상적이었어요. 서초문화원에서 중국어를 배우기 시작했는데 너무 재미있더라고요. 그래서 좀 더 깊이 있게 공부하게 되었고, 이 정도면 다른 사람들에게 기초 정도는 가르칠 수 있겠다는 생각이 들었어요. 마침 구청 운영 복지관에서 중국어 봉사활동 강사를 모집하는 것을 보고 강사로 등록해 중림복지관에서 초급, 중급 중국어를 가르치게 되었죠. 지금은 강의는 보류해 두고 있는 상태에요. 학생들을 가르치기 위해 실력을 더 쌓아야 할 것 같아서요. 중국어문화원에서 고급 중국어를 배우며 HSK5급은 취득했고, 이제 6급에 도전해보려고 해요."

도슨트(docent)란 박물관이나 미술관에서 관람객을 안내하며 전시물과 작가에 대한 설명을 해주는 전문 안내인으로, 아직까지 국내에는 낯선 개념이다. 유장근 선생은 우연히 서울시에서 운영하고 있는 노인복지센터에서 40시간짜리 〈도슨트 양성〉 강의 안내를 보며 '그냥 한 번 배워볼까?' 하는 마음으로 도슨트 활동을 시작했다.

"저도 처음엔 도슨트가 무슨 일을 하는지 몰랐어요. 이전까지 미술에 대한 특별한 관심이 있었던 것도 아니었고요. 처음 배워보는 미술 작품에 담겨 있는 역사와 철학, 사회사상 등 수많은 이야기가 참 재밌더군요. 강의 수료 후, 서울대학교 미술관 도슨트 봉사에 지원했어요. 나이 때문에 걱정을 했는데 고맙게도 3년 넘게 활동할 수 있었죠. 배우다 보니 욕심이 더 생겨서 북서울미술관에서 도슨트 교육을 이수해 필기, 실기 시험까지 거쳐 전문 도슨트가 됐습니다. 2016년엔 한 생명보험사의 요청으로 〈도슨트란 무엇인가〉를 주제로 2시간 강의를 했는데, 반응이 좋아 도심50플러스센터에 총 6회로 구성된 열린교육 강좌를 개설하기도 했어요.”

그는 '배움에는 끝이 없다'고 말한다. 퇴직 후의 무료함을 달래기 위해 이것저것 배우던 것이 이제는 삶의 전부가 되었다. 흔히 재능기부라 하면 본래 잘 알고 있는 것을 남에게 가르쳐 주는 경우가 많다. 그러나 유장근 선생은 내가 배워서 그 배움 역시 나눌 수 있음을 몸소 보여주고 있다.

'나' 대로 사는 법

유장근 선생은 누구보다 하루를 바쁘게 살아가고 있다. 앞으로 해야 할 일도 많다. 아내와 다시 산티아고에 갈 계획도 있다. 2016년에 이어 벌써 세 번째 여행이다. 이번에는 1000km가 넘는 '은의 길'을 걷는 여정이다. 미술 관련 책도 준비 중이다. 그가 도슨트로 활동했던 서울대미술관의 관장님이 권했던 일이다. 비전문가의 시각에서 바라보는 미술해석에 대한 책을 써보려고 한다. 깊이 있는 공부가 더 필요한 만큼 상당한 시간이 걸리겠지만 그의 중요한 목표 중 하나이다. 이처럼 꽉 찬 노후를 보내고 있는 그가 퇴직을 앞둔 사람들에게 해주고 싶은 말이 있다.

"노후준비를 얼마큼 했든 '과거의 정리'를 꼭 하셨으면 좋겠어요. 저는 57세에 임원에서 물러났는데 평생을 바쳐 일군 자리를 잃는다는 상실감이 굉장히 컸어요. 아무리 정년이 짧아졌고 그것을 많은 사람들이 받아들인다고 해도 실제 퇴직을 경험한 사람의 90% 이상이 힘들어 할 것이라고 생각해요. 그러나 그 힘든 시간에 얽매여 앞으로 나가지 못하는 것이야 말로 더 안타까운 일이에요. 지나간 시간에 연연해하지 않고 앞으로 사는 삶에 대한 새로운 기준을 정하는 과정이 반드시 필요해요. 마음이 있어도 몸이 따라주지 않는 시기가 오기 전에 스스로에게 의미 있는 삶이 무엇인지 생각해보고 행동으로 옮길 수 있길 바랍니다."

LG화학에 입사해 GS건설과 LG데이콤, 파워콤을 거쳐 2010년 부사장직에서 퇴직했다. 퇴직 후 아내와 스페인 산티아고 순례길에 다녀온 경험을 담은 책을 출간했다. 이후 서울성모병원 호스피스 자원봉사자로, 서울대학교미술관 도슨트로, 중림복지관 중국어 강사로, 다양한 분야에서 활약 중이다.

광고회사 AE에서 중장년 재취업
상담전문가로 변신한 박영재 대표

언젠가 겪을 퇴직 이후의 삶을 상상해 볼 수는 있지만, 그 퇴직이 어느 날 갑자기 찾아올 거라고 생각하는 사람은 거의 없다. 더욱이 30대 중반의 나이에 말이다. 정년은 이미 사라진 옛말이 되었고 웬만한 대기업에서도 40대 후반까지 버티기 어려운 요즘이라지만, 30대 중반 한창의 나이, 눈에 넣어도 아프지 않을 아이들과 아내를 책임져야 하는 가장에게 전해진 해고 통보는 마른하늘에 날벼락 같을 것이다. IMF로 많은 가장들이 어려움을 겪었던 1997년, 박영재 대표도 광고회사에서 정리해고를 당했다. 35세의 젊은 나이였다. 이후 몇 차례의 이직과 창업을 경험하다가 40대 중반에 새로운 일에 도전했다. 산전수전을 다 겪은 자신의 젊은 날의 경험을 녹여 중장년 구직자들을 대상으로 상담과 강연에 나선 것이다.

40대에 발견한 나의 주특기

"광고회사 AE로 일하다가 정리해고를 당했어요. 갑작스러운 일이라 눈앞이 깜깜했죠. 이후 건설회사의 홍보실장으로 잠깐 일하다가 퇴직금 1억 원을 들여 PC방을 창업하게 되었어요. 10개월 만에 깨끗하게 망했습니다. 이후 중견 광고회사로 돌아왔지만 월급쟁이의 생활을 벗어나고 싶더라고요. 외국계 생명보험회사로 이직해서 보험설계사로 일했어요. 이때 금융과 투자에 대한 지식을 쌓을 수 있었죠. 얼마 후 관리자로 직무를 바꿨는데 제가 관리자로서의 역량이 부족한 것 같더라고요. 새로운 설계사를 선발해 교육하고 영업을 잘 할 수 있도록 동기부여도 하고 이끌며 실적을 올려야 하는데 쉽지 않았어요."

40대 중반의 나이가 되어 그는 자신만의 주특기를 고민하게 되었다. 고민 끝에, 광고회사에서의 발표(Presentation) 능력과 보험회사에서의 금융투자 지식을 살려 재테크 강사의 길을 택했다. 다수의 청중을 대상으로 유용한 금융 정보를 힘 있게 전달할 수 있다는 자신도 있었다.

"예상치 못하게 퇴직과 몇 번의 이직, 창업을 경험하며 많은 것을 깨달았어요. 무엇보다 내가 하고 싶은 일을 하는 것이 중요하다

217

는 거예요. 지나고 나서 생각해보니 일의 본질을 이해하지 못하고 준비 없이 주변의 지인 이야기만 듣고 시작한 일들도 많았더라고 요. 반면, 나름의 시행착오를 거쳐 정착한 강사 일은 정말 즐거워 요. 재취업을 준비하는 분들에게 실질적인 도움이 될 수 있는 강의를 만들기 위해 준비하고, 구현하고, 전달하는 모든 일이 말이죠."

그는 재테크 강사로 한창 활약하던 도중 한국은빛희망협회라는 사단법인과 함께 퇴직자를 대상으로 하는 '재취업 교육 프로그램' 기획에 참여하게 되었다. 2개월가량 평균연령 67세의 퇴직자들과 함께 일하며 중장년의 일자리가 얼마나 중요한지, 그에 비해 관련 자료가 얼마나 부족한지 등을 알게 되었다. 자연스럽게 중장년 일자리 분야에 관심이 생겼다.

"채용중개회사에서 일한 적이 있어요. 기업에 필요한 인력을 소개해주는 회사이다 보니 다양한 지원자들의 역량을 살필 수 있었는데, 자신의 주특기와 맞지 않는 직무를 희망하거나 기업이 어떤 인력을 원하는 지를 모르고 막연하게 구직활동에 임하는 지원자들도 많더라고요. 청년 취업자가 경력이 없어 그런 현실적인 부분을 놓친다면, 중장년 취업자는 오히려 경력이 많아 어려움을 겪기도 해요. 퇴직 직전 자신의 몸값을 생각하다가 재취업을 하려니 영 조건이 안 맞는다고 생각하는 거죠. 젊은 사람들에 비해 빠르게 취업 정보를 얻기도 힘들고요. 저도 여러 번의 이직을 경험했잖아요. 중장년 재취업의 어려움을 깊이 공감하고 있는 만큼 제가 할 수 있는 일이 더 많을 거라고 생각했어요."

경험에서 비롯된 재취업 강의

박영재 대표는 강의 때마다 일의 소중함을, 재취업의 중요함을 강조한다. '치킨공화국'이라고 불릴 만큼 수많은 퇴직자들이 생계 부담에 쫓겨 창업에 나서고 있지만 가능한 한 재취업에 도전하라는 것이 그의 주된 강의 내용이다. 이는 자신의 경험에서 비롯된 조언이다. 박영재 대표는 PC방 창업에 나섰다가 10개월 만에 뼈 아픈 실패를 했다.

"1999년만 해도 24시간 운영하는 PC방이 없었어요. 음식도 팔 수 있고, 돈이 될 것 같았죠. 무작정 시작한 것도 아니에요. 서울시내 지도를 펴놓고 상권 분석부터 현장 조사까지 꼼꼼히 했어요. 그렇게 만반의 준비를 하고 문을 열었는데, 3개월 만에 근처에 40군데가 넘는 PC방이 생기더라고요. 진입장벽이 너무 낮아 주부부터 퇴직한 교장선생님까지 다 PC방을 차린 거예요. 제가 게을렀던 탓도 아녔어요. 10개월간 집에 가서 몸 편히 잔 날이 일주일도 안 되었거든요. 그렇게 고생을 하고 퇴직금 1억을 그대로 잃은 거죠. 후에 아내가 쓸데없는 짓만 안 했으면 3년은 버틸 수 있을 돈이었다며 웃더라고요. 그때의 고생이 훌륭한 교훈을 줬지만 다시 겪고 싶은 경험은 절대 아니에요."

그는 창업의 실패가 현재 그가 하는 강의의 밑거름이 되어주었다고 말한다. 준비 없는 창업의 위험을 분명하게 보여줄 수 있는 사례이기 때문이다. 재취업이 어려워 창업에 도전하겠다는 중장년에게 박영재 대표가 꼭 해주는 말이 있다.

"저는 그때 37살이었어요. 큰돈을 잃었지만 그걸 회복할 수 있는 시간이 저에겐 있었어요. 중장년은 달라요. 퇴직금이나 모아둔 노후자금으로 창업에 나서게 되면 노후를 담보 삼겠다는 거예요. 잘되면 다행이지만 창업하는 사람의 절반 이상이 3년도 못 버티고 나간다는데, 내가 그 절반에 속할 확률은 무시 못하죠. 손실을 회복할 수 있는 기회가 없다는 점이 중장년 창업의 가장 큰 위험이에요. 그래서 저는 리스크가 큰 창업 대신 재취업을 추천합니다."

전문강사로 살아남기

최근 연령대와 상관없이 고용시장이 경직되어 감에 따라 전문강사에 도전하는 사람이 늘고 있다. 창업에 비해 초기 투자비용이 적고 재취업에 비해 자유롭게 일할 수 있다는 점이 매력적이기 때문이다. 그러나 전문강사로 살아남기란 결코 쉽지 않다.

"강사 시장은 경쟁이 점점 더 치열해지고 있어요. 현역 때의 경험담만큼 매력적인 강의 내용도 없기 때문에 수많은 퇴직자 분들,

특히 각 분야에서 전문가로 활동했던 퇴직자 분들이 강연자로 많이 나서더라고요. 요즘은 아예 프리랜서 강사를 직업으로 삼는 젊은이들도 많아요. 비싼 강사양성 과정도 있다고 해요. 선배강사가 데리고 다니면서 강의 노하우를 알려주는 거래요. 이런 분들이 강사 자격증을 갖췄다고 선전하며 강의를 하는데, 직접 살펴보면 자신만의 내용은 하나도 없고 현란한 말솜씨를 뽐내는 분들도 많더라고요. 이렇게 해서는 결코 오래 일할 수 없어요. 자신만의 경쟁력 없이는 버틸 수 없는 곳이죠."

20년 경력의 전문강사, 박영재 대표만의 경쟁력이 궁금하지 않을 수 없다. 그가 생각하는 전문강사의 성공비결은 무엇일까?

"강사로서 기본적인 자질은 반드시 갖추어야 해요. 강의 시작과 마무리 시간은 철저히 지키고, 강의 내용은 가능한 한 알아듣기 쉽게 준비하는 것이 당연한 원칙인데 이런 점에서 아쉬운 강사들이 의외로 많더라고요. 더불어 자신만의 독특한 콘텐츠를 만들기 위한 노력도 있어야죠. 저는 지금도 매일 제 강의에 새로운 내용을 추가하기 위해 자료를 찾아요. 한 번 듣고 마는 강의가 아니라 여러 번 들어도 얻어 갈 수 있는 게 있어야 하니까요. 저는 처음에는 재테크 강사로 시작했지만 10여 년 전 고민하는 과정에서 중장년 재취업 분야가 눈에 들어왔고, 당시 이 분야의 전문강사가 부족하다는 것을 알게 되어 강의 영역을 넓힌 거예요. 지금은 은퇴생활과 관련된 전반적인 내용을 모두 다루고 있죠. 저만의 영역을 만들고 영향력을 높이기 위해 칼럼을 쓰거나 방송활동, 블로그 관리 등도 꾸준히 하고 있고요. 창업도, 재취업도, 부단한 노력 없이 지속할 수 있는 일은 없습니다."

재취업 상담전문가로 이름을 알리기까지 박영재 대표의 노력은 쉼 없이 이어져 왔다. 길고 긴 시행착오를 겪으며 어렵게 찾은 자신만의 일에 대한 애정과 강연을 듣는 사람들에 대한 깊은 공감이 있었기에 가능했던 일이다.

"제 강의를 듣는 대부분의 분들은 어두운 표정으로 앉아 있어요. 아무래도 재취업을 앞두고 있으니 그 마음이 편치 않겠죠. 요즘은 제 나이 또래 분들이 가장 많더라고요. 젊은 날의 제 모습이 떠오르기도 하고 퇴직을 맞이한 제 친구들이 생각나기도 해요. 저도 겪은 어려움이니까요. 그래서 더 구체적으로 알려드리고 싶습니다. 일이 우리에게 갖는 의미와 과거의 기준을 버리고 현실에 맞게 재취업에 성공할 수 있는 방법이 있다는 것을요. 쉽지 않은 길이지만 일을 하며 얻는 행복을 더 많은 분들과 나누고 싶습니다."

1997년 IMF 때 35세의 나이로 광고회사에서 정리해고를 당했다. 퇴직금을 들여 PC방 창업에 나섰지만 10개월 만에 접었다. 40대 중반이 되어서야 자신의 주특기를 찾아 한국은퇴생활연구소 소장이자 중장년 재취업상담전문가로 활동하고 있다.

06

연구는 내 운명, 독립연구소를 설립한 정필수 원장

은퇴 후 새로운 일에 도전하는 것은 현역 시절보다 큰 용기를 필요로 한다. 나이가 들수록 실패의 부담이 커지기 때문이다. 정필수 원장이 한국종합물류연구원(GLORI) 설립을 결정하기까지도 쉬운 과정이 아니었다. 당시 독립연구소가 국내에서 매우 생소한 개념이었던 탓에 충분한 시설과 시스템을 갖추지 않고도 연구소를 운영할 수 있을까 하는 고민이 있었다. 그러한 걱정을 안고 성남 창업보육센터 한편에서 출발했던 한국종합물류연구원은 2018년 5월 성공적으로 설립 13주년을 맞이했다. 5차례의 이사를 거쳐 별도 건물에 자리 잡은 어엿한 연구소의 모습을 갖춘 것이다.

박사님의 은퇴 준비

정필수 원장은 미국 텍사스대 경제학 박사 출신으로 산업연구원과 한국해양수산개발원 등에서 30년 넘게 연구 활동을 한 한국연구소 1세대다. 그는 57세가 되던 2003년 3월, 한국해양수산개발원 부원장을 끝으로 현역에서 물러났다. 당초에는 정년까지 시간도 남아있었고, 원장까지 해볼 욕심에 퇴직은 생각지도 않았었다. 그런데 막상 후배가 원장이 되고 보니 연구원에 남아있기가 어려웠다. 젊은 후배들에게 길을 터줘야겠다는 생각에 퇴직을 했다.

연구원을 떠나게 된 정 원장에게 특별한 계획이 있었던 것은 아니다. 마지막까지 연구에서 손을 놓지 않았던 그로서는 '조기에 은퇴한다'거나 '나이가 많다'는 생각을 해본 적이 없었기 때문이다. 무슨 일을 할 것인가 길을 찾고 있던 중 미국에서 외식사업을 하던 선배로부터 '사업을 확장하려는데 같이 일해 보면 어떻겠느냐'고 연락이 왔다. 그는 또 다른 도전이라고 판단하고 선뜻 나섰다.

"처음 해보는 외식사업이지만 잘할 수 있을 거라고 생각했어요. 많은 후배 연구원을 이끌고 연구를 수행한 경험이 있는 만큼 사업 관리도 비슷할 거라고 여겼죠. 그게 정말 큰 실수였어요. 연구원과 같은 전문직 종사자들은 업무 시스템이 잘 갖추어진 곳에서 일하기 때문에 맡은 일만 잘해서 성과를 내면 자신의 능력이 뛰어나다고 생각하기 쉬워요. 경력이 쌓일수록 연구 활동보다는 프로젝트 진행상황을 관리·감독하게 되고, 퇴직 직전에는 결재만 담당할 수도 있고요. 관리자로서 큰 그림은 살필 수 있지만 과정 전반을 직접 수행하긴 힘들어지죠. 그래서 정작 홀로 설 때가 되면 어디서부터 어떻게 일을 해야 할지 모르겠다는 분들도 많아요. 저도 그랬고요."

그러나 막상 외식사업 일선에서 일한 경험은 '돈 버는 일이 이렇게 힘들구나'라는 생각을 뼛속까지 스며들게 했다. 그동안의 연구 활동은 외식사업 부사장 직에 별다른 도움이 되지 않았다. 수익이 나지 않는 날마다 스트레스에 시달렸다. 철저한 서비스정신으로 스스로를 낮추지 않으면 하루하루를 배겨낼 수 없었다.

"최근 뉴스를 보면 중·장년층이 너도나도 퇴직 후 치킨집 창업에 나선다고 하죠? 철저한 사전조사를 바탕으로 하지 않았다면 쉽게 도전해서는 안 돼요. 창업하려는 아이템이 어떤 과정을 거쳐 수익을 창출하는 지 제대로 이해해야 해요. 매번 부하 직원을 둘 수 있는 것도 아니니 허드렛일도 직접 할 수 있어야 하고요. 비단 연구원뿐만이 아니라 퇴직 후 사업에 처음으로 도전하려는 분들이라면 반드시 이러한 각오를 다지셨으면 좋겠어요."

내가 가장 잘할 수 있는 일을 하자

정 원장은 결국 18개월의 미국생활을 정리하고 한국으로 돌아왔다. 미국에서의 짧은 외도 뒤에 얻은 깨달음은 자신이 잘할 수 있는 일을 해야 한다는 것이었다. 평생 연구밖에 하지 않았고, 연구만큼 좋아하는 일이 없으니 후반 인생도 그렇게 살겠다고 결심했다.

"옷도 자기 몸에 딱 맞는 옷을 입으면 편안함을 느끼는 것처럼 연구가 제게는 딱 맞는 일이라고 생각했어요. 독립연구소를 세우게 된 계기죠. 현역 당시 필요하다고 느꼈던 부분이기도 해요. 제조업이나 일반적인 산업 시장은 삼성, LG와 같이 10대 대기업이 있다면, 500개의 중견기업이 있고, 그들을 돕는 5만 개의 소기업, 50만 개의 더 작은 기업이 있어서 단계적으로 보완이 돼요. 아쉽게도 연구 분야는 이런 구조로 되어 있지 않았죠. 정부에서 출연한 큰 규모의 연구소가 있고, 목적에 따라 기업이나 대학에서 운영하는 연구소가 있을 뿐이죠. 각자 역할을 훌륭히 소화하긴 하지만 큰 연구소에서 미처 수행하지 못하는 영역도 많거든요. 국내에서 연구 산업이 생소한 분야였기 때문이었을 거예요. 점점 연구 시장이 커지면서 작은 연구소들이 더 필요해질 거라고 생각했어요. 그 틈새시장을 겨냥해서 작지만, 필요한 연구소를 만들자는 생각을 한 거죠."

물론 연구원 설립 이전에는 고민도 많이 했다. 가장 큰 고민은 늦은 나이에 시작한 일이 실패로 돌아갔을 때 그와 가족이 겪어야 할 위험이었다. 그때 힘을 보탠 게 미국 워싱턴대 교환교수 시절 인연을 맺었던 미국인 교수였다. 귀국을 앞둔 정 원장은 시애틀에 있는 그 교수를 방문해 향후 계획에 대해 상의를 했다. 정 원장의 계획을 들은 그는 "당신 같은 인재가 한국에 가서 한국을 위한 일을 하는 게 맞다"고 조언했다. 그는 잘못됐을 경우를 걱정하는 정 원장에게 "정 박사 성격상 반드시 성공한다"고 응원하며, 그래도 어려우면 자기가 3년 먹고살 프로젝트를 주겠다고 힘을 보탰다. 그 응원에 힘입어 2005년에 설립한 것이 지금의 한국종합물류원(GLORI)이다.

고된 만큼 즐겁다

그는 내가 좋아하고, 잘할 수 있는 일을 계속할 수 있다는 것에 감사하다고 했다. 그러나 절대 쉬운 일은 아니라고 강조했다. 다른 창업과 마찬가지로 독립연구소를 결코 쉽게 시작해서는 안 된다는 것이다.

"연구소 초기에, 당시 저희 연구소 인력으로는 소화할 수 없는 의뢰가 있었어요. 해양수산부에서 의뢰한 항만물류에 관한 연구였는데, 5개월의 시한을 맞추기가 힘들었죠. 연구소가 제대로 자리를 잡으려면 이걸 어떻게든 해내야겠다고 생각했어요. 영국의 세계적인 연구기관인 OSC(Ocean Shipping Consulting Co.)를 직접 방문해 끈질기게 설득해서 공동연구 보고서를 완성했어요. 연구소를 차려두고 가만히 기다리고만 있으면 기회는 절대 오지 않아요. 2008년에는 해양수산부가 국토해양부로 통합되며 용역이 뚝 끊기기도 했어요. 그때 길게 보지 않았다면 연구소를 포기했을지도 몰라요. 전국을 돌아다니며 연구 기회를 찾아 다녔어요. 1년 정도 지나서야 국토해양부에서도 다시 용역을 발주하더라고요. 세상이 정말 빨리 변하잖아요. 상품이 아닌 새로운 지식을 생산해야 하는 연구 분야는 그 변화에 뒤처지지 않는 것이 중요해요. 현역 때의 익숙함이나 편안함을 내려놓고 처음부터 끝까지 발로 뛰어야죠."

정필수 원장은 과거에 비해 독립연구소나 1인 연구소를 만들기에 좋은 환경이 되었다고 덧붙였다. 과학기술의 발달로 거리적, 물리적 한계 없이 연구를 수행할 수 있게 되었고, 독립연구소 간의 협업이 수월해졌다. 정 원장은 창업보육센터에서 연구소를 처음 시작했는데, 최근 우리나라에는 이러한 1인 창업 지원제도가 잘 마련되어 있다. 향후 더 많은 독립연구소의 출현이 기대되는 배경이다.

"얼마 전 퇴직을 5년 정도 앞둔 후배를 만났는데, 저에게 조언을 구하더군요. 어떤 일이 되었건 무조건 지금부터 준비하라고 얘기했어요. 퇴직 후 새로운 일에 도전하기에 앞서 가장 중요한 것은 스스로 일하는 데에 익숙해지는 거예요. 연구 자료를 직접 챙기고, 글도 쓰는 거죠. 현역 시절의 초심을 되찾는다고 해야 할까요? 그런 마음가짐을 단단히 갖추면 못할 일이 없죠."

내 나이가 어때서

나이를 염두에 두지 않고 몸이 허락하는 한 연구를 계속하겠다는 그의 각오가 무색하게도 나이로 인해 뜻하지 않은 어려움을 겪을 때도 있다. 정필수 원장을 대하는 사람들이 그의 나이를 어렵게 여기기 때문이다. 연구 전문성과 철저한 서비스 정신에도 불구하고 점점 벌어지는 나이 차이를 극복하기가 쉽지 않다고 한다.

"현재 저희 연구소에는 박사급 연구원 6명이 1년에 약 6건 정도의 연구를 수행하고 있는데요, 주요 발주처는 정부기관이에요. 작은 연구소다 보니 직접 담당자를 만날 일이 많은데 저보다 한참 어린 분들이 대부분이죠. 실무담당 과장급만 해도 40대가 수두룩하고, 제가 현역일 때 있었던 분들은 거의 퇴직을 했으니까요. 지금은 거의 15년 이상 차이 나는 후배들만 몇몇 남아있어요. 갈수록 상대해야 할 담당자는 젊어지고 저는 자꾸 나이가 들어가고 있는 거예요. 처음엔 일만 잘하면 되지 나이가 무슨 대수냐고 생각했지만, 이제는 오히려 그분들이 저를 불편해하는 게 느껴져요. 아무래도 제가 이 분야 원로쯤 되다 보니 어려운가 봐요. 계속 저를 너무

어려워하니까 저도 조심스러워져요. 업무에 관한 이야기를 할 때
도 직접 만나는 것보다 편하게 여길까 싶어 전화로 하게 되고요.
그래도 일이라는 게 아직은 얼굴을 마주보고 진행해야 하는 부분
이 많잖아요. 젊은 분들이 불편함을 느끼지 않게 제가 더 노력해
야죠. 나이로 절대 무게를 잡으려는 것이 아니니까 제 나이를 너무
어려워하지 않길 바랄 뿐이에요."

　정 원장은 새로운 인생을 개척하려면 그런 고비를 반드시 넘겨
야 한다고 조언한다. 그런 때일수록 적극성이 필요하다. 정 원장은
오랜 경험과 노하우를 바탕으로 적극적으로 일한다면 젊은 사람들
보다 훨씬 다양한 아이디어를 낼 수 있다고 믿고 있다. 그런 점에
서는 미국에서 18개월 동안 비즈니스를 한 경험이 큰 도움이 되었
다. 힘든 시기였지만 그 시절에 비즈니스도 배우고 젊은 사람들과
어울리는 법도 배웠기 때문이다. 절박한 상황을 겪으며 스스로 힘
을 키울 수 있었다.

　"제 주변에는 이미 은퇴한 사람도 많고, 은퇴를 앞둔 후배들도
많아요. 저와 주변의 사례를 살펴보면 한 살이라도 어려 열정이 살
아있을 때 도전을 해봐야 하는 것 같아요. 생활의 지혜는 저절로
쌓이는 게 아니라 한 번씩 부딪히고 깨지면서 얻어지잖아요. 은퇴
를 앞둔 사람들은 깨지더라도 한 살이라도 어릴 때 깨지고, 거기서
얻은 지혜와 새로운 열정으로 제2의 인생을 개척해 나가야죠."

"저는 좋아할 수 있는 일을 계속할 수 있다는 점에서 정말 운이 좋았어요. 아침에 밥 먹고 출근해 글을 쓰고 사람들을 만나고 하는 제 하루 생활의 거의 대부분이 연구와 관련된 일이거든요. '이건 일이라서 하는 거야'라는 마음을 가졌다면 분명 힘들어졌을 거예요. 그래서 퇴직 후 새로운 일을 찾으시는 분들께, 되도록 좋아할 수 있는 일을 찾아 도전하시라고 말하고 싶어요. 그래야 평생 일하는 게 힘들지 않고 행복한 일상이 될 수 있으니까요."

한국해양수산개발원 1세대 연구원으로 근무했으며, 2003년 부원장으로 퇴직했다. 그 후 한국종합물류연구원(GLORI)을 설립해 현재까지 연구에 매진하고 있다.

07

금융맨에서 해외자문관으로 변신한 구자삼 교수

2018년 7월 몽골 금융위원회 홈페이지에 한국에서 온 자문관이 소개되었다. 넓은 세계를 무대로 후반인생의 도전을 이어가고 있는 구자삼 교수다. 그는 퇴직 후 개발도상국을 상대로 한국의 금융시장 발전모델을 전파하는 자문관으로 활동하고 있다.

그의 첫 도전은 미얀마에서 시작되었다. 구자삼 교수는 2015년부터 3년간 외교통상부 산하기관인 국제협력단(KOICA, Korea International Cooperation Agency)의 해외 중장기 자문단원으로 미얀마협동대학에서 활동했다. 월드프렌즈 KOICA 자문단은 2010년부터 개발도상국의 경제·사회개발을 위한 정책 자문과 기술 전수를 수행해 온 단체이다. 현재까지 약 270명의 자문단원들이 41

개 국가의 교육, 공공행정, 에너지 등 다양한 분야에서 활약해왔다. 지원 자격으로 10년 이상의 관련 실무경험이 요구되기 때문에 50대 이상의 시니어가 주를 이룬다. 자문단은 매년 상·하반기 두 차례 선발되며, 소정의 현지생활비와 기타 경비를 지원 받는다. 구자삼 교수는 2015년 상반기에 선발된 59명 중 1인이었다.

미얀마에 한국의 발전모델을 전파하다

"제가 파견되었던 미얀마 사가잉 협동대학은 학생 수가 2500명 정도 되는 경영, 경제, 금융회계 전문대학이에요. 그런데 대학원 석사 과정을 지도할 교수가 없어 학과 개설이 계속 연기되고 있더라고요. 50년 동안 국제사회와의 교류가 없었던 미얀마는 70년대의 우리나라와 비슷한 환경이에요. 이들이 세상의 빠른 변화를 받아들이고 꿈을 키울 수 있도록 제 경험과 지식을 나누어 주고 싶었어요."

구자삼 교수는 임기 3년 동안 미얀마 경제정책과 증권시장 발전을 돕기 위해 다방면으로 노력했다. 경제, IT, 교육 등 여러 분야의 전문가를 초빙해 공동 강연회를 개최했고, 국내 대학과 연계한 학과 설립에도 지원을 아끼지 않았다. 미얀마 학생들에게 체계적인 교육 프로그램을 제공하기 위한 노력이었다. 특히, 글로벌 인재 양성을 위해 교수진을 대상으로 암기 위주 방식에서 벗어난 영어교육의 필요성에 대해 강연하기도 했다.

"우리나라가 미얀마 경제발전에 좋은 모델이 될 수 있다고 생각
했어요. 대학 출판물과 미얀마 현지 잡지에 한국의 경제모델을 소
개한 글을 여러 차례 쓰기도 했어요. 그 글이 미얀마어로 게재되
어 좋은 반응을 얻었죠. 한국 외에도 다른 나라의 선진사례를 알려
주고 싶어서 외부 전문가를 초빙해 공동 강연회를 진행하기도 했
고요. 미국 교수를 모셔와 '한국 경제정책 모델의 미얀마화'를 조언
하기도 했는데, 이 강연은 미얀마 개방 이후 대학 최초의 행사였어
요. 총장은 물론 대학 학과장 모두가 참여할 만큼 대규모로 진행되
었죠. 500여 명의 학생들이 끊임없이 질문을 했어요. 강연이 끝난
뒤 총장과 함께한 식사시간에도 교수들의 관심이 대단했습니다."

학생들만큼이나 구자삼 교수의 열정은 뜨거웠다. 그는 청중들
과 친밀도를 높이기 위해 강연 때마다 미얀마 전통의상 론지를 입
었다. 작은 부분이지만 그의 진심이 엿보이는 노력이다.

첫 번째 퇴직 후부터 이어진 도전

구자삼 교수의 삶은 미얀마 자문단 파견 이전에도 쉼 없는 도전으로 가득 차 있었다. 그는 두 번의 퇴직을 경험했다. 1975년 대우증권에 입사해 24년간 근무했다. 이 기간 중 15년은 국제금융업무를 맡아 영국 런던 현지법인 사장, 국제본부장 등을 역임했다. 대우증권을 떠난 뒤에도 자산운용사 대표이사, 중견기업의 감사와 고문 등의 일을 하며 금융맨으로 살아왔다. 그런 과정에서 '앞으로 남은 30~40년의 인생을 어떻게 살아야 할지' 고민이 찾아왔다. 임원으로 재취업을 한다 해도 보통 2~3년이면 그 임기가 끝나 또다시 재취업 기회를 찾아야 한다. 몇 년마다 재취업으로 골머리를 앓느니 좀 더 오랫동안 보람 있는 일을 할 수 없을까를 생각하게 된 것이다.

"50대 중반에 들어선 나의 경쟁력이 무엇일까 생각해 봤어요. 25년 이상 국제금융업무를 하며 익힌 지식과 글로벌 마인드, 영어 구사능력이 가장 큰 무기라는 생각이 들었죠. 2년여 동안 중견기업의 감사로 일하며 우리나라 중견기업의 현실을 살펴볼 수 있었던 것도 귀중한 재산이었습니다. 2가지 경험을 접목시키면 대학 강단이나 경영 컨설팅 분야에서 의미 있는 일을 할 수 있겠다고 생각했어요. 처음부터 확신이 있었던 것은 아니에요. 우연히 서울대 경영대학원에서 강연을 하게 되었는데, 그때 학생들의 호응에 자신감을 얻었어요. 박사학위에 도전하는 계기였죠. 금융에 대한 체계적인 공부도 필요했던 게 다른 이유이기도 했고요. 2004년 숭실대학교 벤처중소기업학과 박사과정에 입학했는데, 그때 제 나이가 55세였습니다."

적지 않은 나이에 시작한 공부는 결코 쉽지 않았다. 그러나 그는 포기하지 않았다. 공부할 시간을 벌기 위해 학교 근처로 이사를 가기도 했다.

"논문을 쓰기 위해 통계자료를 구하는 것도 힘들었어요. 설득력을 갖추기 위해 자료를 분석하는 것은 더 어려웠고요. 중간중간 고비마다 '그만둬야겠다'는 생각을 한 것도 몇 번 있었죠. 4년간 악전고투한 끝에 박사학위를 취득했고, 이후 대전 우송대학교와 수원과학대학에서 자산관리와 국제경영분야에서 강의경력을 쌓았어요."

인생 N모작을 꿈꾸다

현역 시절의 경험에 이론을 보완해온 그는 65세에 교수로서 또한 번의 퇴직을 맞이했다. 인생 2모작을 성공적으로 마무리한 것이다. 그러나 그는 여기에 만족하지 않고 미얀마에서, 몽골에서, 끊임없는 인생 N모작을 일구고 있다. 남들은 퇴직 후 살기 좋은 나라에서 편히 살고 싶어 한다는데, 미얀마에 이어 몽골까지 낯설고 불편한 환경을 찾아 떠나는 이유가 궁금해진다.

"퇴직 후에도 제가 좋아하는 분야에서 다른 사람, 다른 나라를 위해 봉사할 수 있다는 데에 감사해요. 이렇게 나이가 들어 새로운 도전을 할 수 있다는 것이 즐겁고요. 극복해야 할 차이가 있지만 미얀마에서 그랬듯 몽골에서도 의미 있는 경험을 쌓고 싶어요."

구자삼 교수는 개발도상국이 후반인생의 새로운 기회가 될 수 있다고 말한다. 특히 현역 시절의 경험과 지식을 체계적으로 정리하고 가르칠 수 있다면 보람찬 일들이 기다리고 있다는 것이다.

"개발이 덜 이루어진 나라에게 앞서 성장을 경험한 나라의 노하우가 정말 절실해요. 한국에서는 쓸모없는 것 같은 지식도 이곳에 오면 금은보화같이 쓰일 가능성이 많더라고요. 한국 증권시장의 개방, 경제발전, 투자문화의 변화 등 저희 세대만이 갖고 있는 현장의 경험이 아주 큰 자산이에요. 이런 산 경험을 토대로 한 생생한 조언이 필요한 개발도상국이 정말 많고요. 기회가 된다면 아프리카나 남아메리카로 가서 한국모델을 소개하고 싶은데, 그런 기회가 올 수 있을지 지켜보고 있습니다. 미얀마에서 학교 출판물이나 현지 잡지에 글을 썼던 것도 그런 시도의 일환이었어요. 제가 시중 은행 부행장을 지낸 친구에게 현역 시절의 경험을 살려서 공부를 해보라고 권유한 적이 있어요. 이 친구가 지금은 한 대학의 조교수로 활약하고 있죠. 나이가 결코 도전에 장애가 되지 않아요.

오히려 나이가 들어서 새롭게 주어지는 기회도 많다고 생각해요. 본인이 해왔던 일의 연장선상에서 또는 더 넓은 세계로 나가 기회를 찾는다면 '평생현역'으로 살 수 있지 않겠어요?"

대우증권에 입사해 24년간 근무했다. 이후에도 자산운용사, 중견기업에서 금융맨으로 살아왔다. 55세의 나이로 숭실대학교 벤처중소기업학과 박사과정에 입학해 65세에 교수로서 두 번째 퇴직을 맞이했다. 2015년 월드프렌즈 KOICA자문관으로 미얀마 사가잉 협동대학에 한국의 경제모델을 소개했고, 2018년 여름 몽골 금융위원회 자문관으로 인생 4번째 도전에 나섰다.

┤ 08 ├

은행원에서 퇴직연금전문가로 변신한 하타 조우지 이사장

우리나라보다 앞서 퇴직연금제도가 도입된 일본에서 72세의 나이가 무색할 정도로 왕성한 활동을 하고 있는 퇴직연금전문가가 있다. NPO법인 DC형연금종합연구소와 푸르덴트 퇴직연금연구소 두 단체의 이사장을 맡고 있는 하타 조우지 이사장이다. 그는 우리나라에 퇴직연금제도가 도입된 2005년 한국 퇴직연금 시장과 첫 연을 맺은 이후, 현재까지 한국의 기업과 언론기관, 금융투자협회 등에서 주최하는 각종 세미나에 단골 강사로 초청되고 있다.

국내에도 연금 제도와 관련된 많은 연구단체가 설립되어 있다. 그러나 하타 이사장이 일하고 있는 DC형연금종합연구소는 우리나라에는 친숙하지 않은 NPO법인 형태로 운영되고 있다.

NPO(Non-profit organization)는 비영리법인이라는 뜻으로 이익을 추구하지 않는 사회공헌단체라고 이해하면 된다. 비슷한 성격의 사단법인이나 재단법인 설립에는 법률상 제약이 많다. 반면, 1998 년에 제정된 '비영리 활동촉진법'에 의거해서 NPO법인을 설립하면, 같은 일을 하면서도 설립과 운영에 관련된 제약이 많지 않다. 실제로 미국에서는 투자교육 활동을 하는 단체 중 NPO법인이 많다. 일본의 경우에는, 아직은 그 수가 그리 많지 않지만 금융업계 은퇴자들을 중심으로 NPO 설립이 늘고 있다고 한다.

"제가 몸담고 있는 DC형연금종합연구소에서는 DC형 연금시장의 확대와 발전을 위한 연구조사 활동을 하고 있어요. 퇴직연금시장 참가자들이 어떤 노력을 해야 할지에 대한 설문조사를 진행하고, 그 결과를 토대로 제안서를 만들어 기업, 연금사업자(은행, 증권, 보험), 정책당국, 금융 관련 협회 등에 제공합니다. 푸르덴트 퇴직연구소에서는 은행, 증권, 보험회사 등 연금사업자와 기업의 연금투자교육 수요와 연금과 관련한 개인 투자자의 상담 수요를 발굴하고, 그에 맞게 실력 있는 교육전문가(Financial Planner)를 파견하여 효율적인 교육이 진행될 수 있도록 돕고 있고요."

한 분야의 최고 전문가로 손꼽히게 되기까지

"일본에도 연금 전문가는 많아요. 크게 세 분야로 나눌 수 있는

데 금융기관 종사자, 학자, 연금 계리사가 있죠. 이 세 분야의 전문 가들은 퇴직연금을 기업 밖에서 바라봅니다. 기업 내부에서, 그리 고 기업과 근로자 입장에서 퇴직연금을 연구하는 전문가는 안타 깝게도 거의 없어요. 특히 DC형 연금 분야에서는 전혀 없다고 해 도 과언이 아니죠. 그런 면에서 저는 은행 출신이면서 일반 기업의 DC형 연금 도입에 대한 실무 경험도 갖추고 있기 때문에 다른 의 미에서 전문가라는 소리를 듣고 있지 않나 생각해요."

실제 하타 이사장은 후지은행에서 오랜 기간 근무했으며, 그 후 에 자동차 부품업체인 ㈜산덴의 연금 담당 부장으로 영입되면서 퇴직연금 업무와 인연을 맺게 되었다.

"후지은행에서 30년간 근무한 후 1998년에 ㈜산덴의 기획부장 으로 이직했습니다. 산덴의 주요 비즈니스 대상이었던 해외고객 의 신뢰를 얻기 위해서 당시 산덴이 도입 중이던 DB형 퇴직연금 제도를 국제 추세에 맞추어 DC형으로 바꿀 필요가 있겠더라고요. 경영층에 건의한 결과, 그 일을 직접 맡게 되었죠. 그때의 연금제 도 전환 방식을 '산덴방식'이라고 불렀는데, 이것이 모범사례로 일 본의 각종 언론에 소개되면서 저도 덩달아 이 분야의 전문가라는 말을 듣게 되었어요."

새로운 분야에서 평생현역으로

하타 이사장은 금융기관 종사자, 학자, 연금 계리사 등 이전부터 퇴직연금 업무를 해오던 사람들이 많았음에도 불구하고 그가 최고의 전문가로 평가 받게 된 것이 오히려 처음부터 연금 관련 분야에서 일을 하지 않았기 때문이라고 말한다.

"현재까지는 기업의 퇴직연금 담당자들도 가입자 수준에 머물러 있어요. 제가 좀 유명해진 이유는, 역설적이지만 본래 연금이나 인사 업무 분야의 프로가 아니었기 때문이에요. 아예 백지 상태에서 인사나 연금 제도를 접했기 때문에 어떻게 최적화된 제도를 도입할 수 있을까에 대한 고민이 더 많았던 것 같아요. 원래부터 기업에서 인사나 연금 업무를 담당해왔던 사람들은 과거의 경험과 지금까지의 조건에 얽매여 자유로운 발상을 못하는 경우가 있거든요."

그의 경험은 반드시 한 분야를 계속 하는 것이 '평생현역'이 될 수 있는 유일한 방법이 아님을 보여준다. 후지 은행의 입사 동기생 130명 중 대부분이 퇴직했고, 하타 이사장처럼 왕성하게 활동하고 있는 친구들은 서너 명에 불과하다. 은행원으로 퇴직한 뒤 다른 일을 찾는다는 것은 결코 쉽지 않다.

"어찌 보면 중간에 산텐으로 이직을 했기 때문에 제가 지금까지 일을 할 수 있는 게 아닌가 싶어요. 남이 하지 않는 분야에서 열심히 일하다 보니 이런 기회가 주어진 게 아닐까요?"

국내에도 기업, 연금 사업자, 연금 연구기관에서 일하는 사람 중에 하타 이사장처럼 퇴직 후에도 왕성하게 일하고 싶어 하는 사람이 많을 것이다. 그렇다면 하타 이사장이 생각하는 한국의 시니어 연금 전문가는 어떤 모습일까?

"한국에서도 저와 같은 사람이 많이 생길 거라고 생각해요. 퇴직 연금의 중요성은 날로 커지고 있는 반면 아직까지 퇴직연금 전문가라고 할 만한 사람은 많지 않으니까요. 다만, 퇴직연금 관련 업무뿐 아니라 어떤 분야에서든지 퇴직 후에도 계속 일을 하기 위해서는 젊은 세대가 할 수 없는 일이거나, 할 수 있다고 해도 하고 싶어 하지 않는 일을 해야겠죠. 한국사회에서 퇴직연금과 관련하여 그런 일이 무엇인지, 그런 일을 하려면 현역 시절부터 어떤 준비를 해야 하는지 끊임없이 고민해봐야 합니다."

일본 후지은행에서 30년간 근무한 후, 자동차 부품업체인 ㈜산덴의 연금 담당 부장을 역임했다. 현재는 일본 NPO법인 DC형연금종합연구소 이사장 겸 푸르덴트 퇴직연금 연구소 이사장으로, 일본에서 퇴직연금 분야 최고전문가로 활동 중이다.

09

손주 돌보기에 푹 빠진 할아버지, 곽규담 선생

어린아이를 돌보는 것은 엄마나 할머니의 역할이라고 생각하기 쉽다. 흔히 어린이집 보육교사라 하면 여성 선생님을 떠올리기 마련이지 않은가. 그런데 이러한 편견을 단번에 깨준 분이 있다. 바로 14년째 세 손주를 돌봐온 곽규담 선생이다.

세 손주를 돌보게 된 할아버지

곽규담 선생은 2004년 태어난 남녀 쌍둥이 손주들과 2016년 태어난 손녀까지 총 3명의 손주들을 아내와 함께 14년간 돌봐왔다. 큰 손주들이 중학생이 될 정도로 긴 시간이었다. 특별한 계기가 있어 손주를 돌보게 된 것은 아니었다.

"손주가 태어나며 자연스럽게 양육을 맡게 되었어요. 아들이 대학원 시절 결혼을 해서 아이를 낳았는데 자립해서 살기 힘든 상황이었죠. 쌍둥이인지라 도움이 더 필요하기도 했고요. 3세대가 한 집에 같이 살며 손주를 돌보게 되었어요. 2~3년 지난 후 아들 부부가 분가를 하게 되었고, 그때부터 지금까지는 저희 부부가 아들 부부 집으로 출퇴근하고 있어요. 지금은 주로 막 16개월 된 막내 손녀를 아내와 번갈아 가며 돌보는데 월, 수, 금은 아내가, 화, 목은 제가 담당이에요."

어린 손녀를 전적으로 할아버지 혼자 돌보는 것도 대단한 일이다. 더구나 힘든 아내를 돕기 위해 다른 요일에도 보조역할을 해주고 있다 하니 새삼 존경스러운 마음이 들지 않을 수 없다.

"아이 돌보는 게 보통 일이 아니에요. 아들 키울 때만 해도 저는 육아에 나서지 않았어요. 그때만 해도 다른 집처럼 아내가 전업주부였으니, 혼자 육아를 다 맡아 주었죠. 그런데 손주가 쌍둥이인데다가 자녀 부부가 맞벌이이다 보니 제가 안 도울 수가 없더라고요. 초기 반년 동안은 처제까지 동원될 정도였으니까요. 첫 손주를 돌볼 때만 해도 저희 부부가 50대였는데, 지금은 70대가 되었으니 체력도 많이 떨어졌어요. 16개월 된 손녀가 지금 13kg가 되어 바닥에서 데리고 놀다가 안고 일어나는 게 쉽지 않아요. 이 나이가 되면 혼자 일어날 때도 손을 짚고 일어나야 하는데 아이를 안고 일어나긴 더 힘들죠. 하루에도 7~8번은 이상 안고 일어나다 보면 저도 허리가 아파요. 그러니 아내는 오죽하겠나요? 손주를 돌보는 게 항상 고된 일은 아니에요. 그렇지만 남자보다 체력이 약한 여자가 더 힘들겠죠. 남자들이 육아를 도와야 하는 이유이기도 해요."

곽규담 선생에게 손주를 돌보는 것도 힘든데 1시간가량 걸리는 거리를 매일 오가는 것이 힘들지 않냐고 물었다. 그는 웃으며 한 사례를 말해주었다.

"저희 부부가 손주를 돌보기 전의 일인데, 아는 사람을 전철에서 만났어요. 어딜 가느냐고 묻자 손주를 돌보러 안양까지 간다 길래, 한 집에 같이 살면 먼 길을 다니지 않아도 되니 편하지 않겠냐고 말했어요. 그러자 그분이 '몰라서 그렇지 왔다 갔다 하는 게 훨씬 편한 겁니다' 하더라고요. 이제는 그 말이 아주 이해가 됩니다. 어린아이를 돌볼 때 가장 힘든 점은 한시도 눈을 떼어서는 안 된다는 점이에요. 순간의 실수가 평생을 좌우하죠. 아무거나 입에 넣고, 만지고 보니까요. 한 집에 살면 아기가 자고 있을 때가 그나마 한숨 돌릴 수 있는 순간이더라고요. 그러니 출퇴근을 하면 그만큼의 자유가 주어지겠죠."

나를 쏙 빼닮은 손주들이 주는 노년의 행복

뒤늦은 나이에 하고 있는 육아에 고됨만 있는 것은 아니다. 조부모를 낯설어 하는 아이들도 많은데 거의 매일 보다시피 하고 있으니 손주들과의 관계도 특별해졌다. 막내 손녀는 할아버지가 안아주면 별 투정 없이 금방 잠이 든다. 할아버지에겐 보채봐야 소용이 없다는 건지 편해서 인지 매번 가족들도 신기해한다. 율동과 노래를 부르며 재롱을 부리기도 하고 먼저 덥석 안겨오는 손주들을 볼 때마다 노년의 행복이 이런 것이구나 하는 생각도 든다.

"손주들이 처음 태어났을 때 누구를 닮았냐를 두고 다들 관심이 많았어요. 가까이서 보면 잘 모르겠단 말이죠. 며느리도 친정어머니에게 도통 누구를 닮았는지 모르겠다고 말했대요. 저도 선뜻 누구를 닮았나 떠오르지 않았어요. 그런데 어느 날 엘리베이터에 손주들을 데리고 탔는데 어르신 한 분이 '거참, 이 녀석들 할아버지를 쏙 빼닮았네'라고 하는 거예요. 순간 어찌나 기쁘던지요. 육아의 고단함이 그냥 사라지더라고요. 식구들이 아닌 외부 사람의 시선에서 볼 때 느껴지는 가족 간의 친밀함이나 소속감이 있나 봐요."

'손주를 돌봐주지 말아라. 잘못하면 병난다'는 조언 아닌 조언도 많았다. 그런데다 계획된 일도 아니었으니 여러모로 어려운 결정을 내린 셈이다.

"처음 손주들을 봐달라고 했을 때, 해야 하나 말아야 하나 아내와 많은 고민을 했었어요. 그래도 우리 아이가 낳은 손주인데 우리의 역할이 있을 것이고, 그것을 외면할 수는 없다고 결론지었죠.

247

금전적인 지원이든 물리적인 지원이든 어느 정도의 역할을 해줘야 한다고 생각했어요. 절대 손주를 봐주지 말라고 하려면 다른 형태의 지원을 해줄 수 있을 때 가능하지 않겠어요? 대부분의 부모가 무조건 손주를 돌볼 책임이 없다고 말하기는 힘들죠. 더구나 요즘 많은 부부가 맞벌이인데, 자기들 힘만으로 아이 키우기가 쉽지 않으니 조부모가 도울 수밖에요. 제 주변에도 손주를 돌봐주고 있는 할아버지가 제법 있어요. 한 친구는 딸네 집에 머물며 손주를 봐주다가 3년쯤 지나서는 아예 전세를 얻어 근처로 이사를 했어요. 그만큼 나와 자녀를 완전히 분리해서 생각하긴 힘들어요."

할아버지에게는 할아버지의 역할이 있다

그는 손주를 돌보더라도 자녀에게도 손주에게도 너무 많은 기대를 하면 서운한 일만 생길 뿐이라고 말했다. 조부모로서 어느 정도의 역할을 해줄 수 있는지를 가늠해보고 그 역할에 충실해야 한다고도 했다.

"어떻게 손주를 돌보며 갈등이 없었겠어요. 아들 부부에게도 손주들에게도 서운할 때가 있었죠. 하지만 조부모는 보조 양육자일 뿐이지 주 양육자가 될 수 없다는 것을 인정하고 나니 모든 것들이 쉬워졌어요. 가장 많은 분들이 궁금해하는 게 아들 부부와 말이 통하냐는 거였어요. 다른 친구들 얘기를 들어보면 시부모가 집에 오는 것을 부담스러워 하는 사람도 많다고 하더라고요. 극단적인 예이지만, 며느리가 깔끔해서 손주를 못 보러 가는 사람도 있대요. 그런 점에서 저희는 아들 부부에게 고맙죠. 워낙 소탈하기도 하고 최대한 저희 부부와 대화를 많이 나누려고 노력해요. 아무래도 며느리와 시어머니 사이가 어렵다고들 하니 제가 나서서 중간에서 의견 조율을 하기도 하죠. 아이들이 커가며 자연스럽게 역할 분담이 이루어지기도 해서 큰 문제는 없어요."

어느 순간부터 조부모는 식사와 간식 등 일상생활을, 부모는 학습을 맡게 되었다. 손주들이 나이가 들며 조부모보다 부모를 더 무섭게 여기기 때문이기도 했다. 사춘기에 접어든 첫 손주들의 훈육은 부모의 몫이 된 것이다.

"어릴 때야 예쁜 짓을 하며 잘 따라주던 손주들도 이제는 제 마음처럼 되지 않아요. 손주 입장에서 할아버지, 할머니는 놀이대상이자 응석대상일 뿐이죠. 아들 부부가 출근하며 아이들 숙제 확인을 해주고 스마트폰을 못 쓰게 해달라는 등의 여러 가지 부탁을 하지만 별 소용이 없어요. 애정의 차이가 아니라 부모와 조부모의 역할이 다르기 때문에 자연스럽게 생기는 현상 같아요. 손주를 내 뜻대로 하려고 들면 안 되겠죠. 조부모는 절대 주 양육자가 될 수 없어요. 그 부분에 관해서는 부모에게 정확히 전달하고 맡겨야 해요.

때문에 저희 부부는 양육 방식에 대해서도 절대 간섭하지 않아요. 자녀 부부의 몫이니까요. 그게 옳다고 생각해요. 물론 지나가는 말로 저의 의견을 말하기도 하지만 그건 제 젊은 시절의 경험을 가지고 말하는 건데, 지금하고 안 맞지요. 저는 20세기 사람이지만 아이들은 21세기의 사람이잖아요. 젊은 사람들의 의견이 이 시대를 살아가는 데에는 더 맞다고 봅니다."

곽규담 선생의 가족이 오랜 시간 큰 갈등 없이 손주들을 돌볼 수 있었던 것은 서로의 역할을 분명히 인정해 주었기 때문이었다. 각자의 역할에 충실하되 그 한계를 과감히 인정하는 것이 무엇보다 중요했다. 손주 양육에 많은 스트레스를 받고 있는 분들이나 손주를 돌볼 예정인 분들이 주의 깊게 들어봐야 할 내용이다.

"부모가 고생하는 것을 자녀가 모두 알아주는 것은 아니에요. 어느 정도의 수고가 들어갔는지 모르겠지요. 그렇다고 생색을 내고 싶지는 않아요. 그저 내가 부모로서, 조부모로서 해줄 수 있는 것을 해주자는 마음이죠. 다행히 아내도 제 뜻을 잘 따라주었어요. 손주들에게도 마찬가지에요. 내가 돌봐주었다고 나를 특별하게 여겨달라는 기대를 하면 안 된다고 봐요. 저만 해도 어릴 때 방학만 되면 할아버지 집에 가서 살았어요. 그렇지만 할아버지가 돌아가시고 난 후에 몇 번이나 할아버지를 떠올렸나 싶어요. 나도 못하는 것을 손주들에게 기대할 수 없죠. 손주들에게 부모의 역할을 하려고 들면 불가능할뿐더러 스트레스만 쌓일 뿐이에요. 부모와 역할 분담을 분명히 하고 내가 할 수 있는 일에 최선을 다하면 되는 거죠. 그래야 서운함 대신 서로에게 감사한 마음을 가질 수 있다고 생각해요."

할머니도 아닌 할아버지가 보조 역할에 그치지 않고 직접 손주를 돌본다는 것은 결코 쉽지 않았을 것이다. 갓난아기를 돌보고 사춘기 손주들의 투정을 듣는 모든 일들이 육아 초보인 할아버지에게 얼마나 낯선 일이었겠는가. 그럼에도 불구하고 그는 자신이 힘든 것은 하나도 없었다며 한사코 손사래를 쳤다. 손주, 자녀, 아내, 모두를 위해 당연히 해야 할 일이었을 뿐이라 했다. 진심으로 하늘 같은 어버이의 은혜였다.

한국개발연구원(KDI)과 한국증권금융에서 30년간 근무했다. 한국증권금융 상무이사로 퇴직한 후, 2년 정도 부동산 중개업을 하다가 2005년부터 지금까지 세 손주를 돌보고 있다.

10

금융맨에서 여행전문가로 변신한 정강현 회장

무더위가 한창이던 2016년 7월, 은퇴시기를 훌쩍 넘긴 60대 후반 남녀 고교동기 30여 명이 양평 두물머리와 세미원 구경을 나섰다. 이 모임의 리더는 금융투자협회 동우회 정강현 회장. 365일 일만 생각하며 치열하게 살아왔던 금융맨이 친구들의 여행을 돕는 여행전문가가 된 것이다. 퇴직 후 동문 카페에 여행 모임 '여유회'를 만들어 방방곡곡 여행을 다닌 지도 10여 년이 훌쩍 넘었다.

정강현 회장은 또 지난 2012년 자신의 여행기를 담은 책을 출간하기도 했다. 친구들을 위해 국내뿐 아니라 해외여행을 직접 기획하고, 어린 손자와 단둘이 유럽 여행을 가기도 한 베테랑 여행가이다. 현역 당시 출장 경험을 바탕으로 부인과 여행을 다니기 시작한 것이 계기가 되어 은퇴 후엔 여행전문가로 살고 있다.

여행전문가로 시작한 은퇴 후 제2의 인생

"미리 계획을 해두고 시작했던 일은 아니에요. 30년 가까이 직장생활을 하며 은퇴 후에 시간과 여유가 있으면 여행이나 해볼까 정도의 막연한 생각만 했을 뿐이죠. 아마 아버지께 물려받은 여행 DNA의 영향이 어느 정도 있지 않았나 싶어요. 젊은 시절 만주에서 살다 해방 후 고향에 정착하신 아버지는 그 시절 우리 형제를 데리고 종종 여행을 다니셨어요. 아버지는 '자식을 사랑할수록 여행을 시켜야 한다'는 말씀을 하시며 시골 장터에서 빌린 작은 트럭에 이웃 친구들까지 태워 여러 곳을 구경시켜주시곤 했지요. 가족 그리고 주변사람과 함께 여행하는 즐거움을 아마 이때 느꼈던 것 같아요. 직접적인 이유는 아닐지라도 제 몸속에 아버지의 여행 DNA가 흐르고 있지 않을까요?"

많은 사람들이 '여행'을 꿈꾸며 산다. 무료한 일상에 주어지는 선물 같은 이 시간이 정 회장에게도 특별한 의미가 있다고 한다.

"저에게 여행은 '대책 있는 일탈'이에요. 사는 게 힘든 사람도 조금의 여유가 생기면 여행을 꿈꾼다고 하잖아요. 그만큼 뻔한 일상을 탈출해 새로운 경험을 할 수 있다는 게 값진 것이겠죠. 특히, 제 경우에는 직장생활을 할 때는 일과 회사에만 집중하며 무한경쟁을 해야 했어요. 자연스레 부부 간의 대화가 줄어들고 주로 필요에 의한 대화만 나누게 되더군요. 은퇴 후에 함께 여행을 하며 비로소 부부가 서로를 온전히 이해할 수 있는 시간을 얻게 되었죠. 서로에게 서운했던 감정도 치유할 수 있었고 소통의 방법도 배웠고요."

내가 행복하기 위해서 주변 사람들을 즐겁게 하라

그가 특별히 다른 사람들을 즐겁게 해주겠다는 계획으로 여행을 계획하는 것은 아니다. 내가 하는 일을 열심히 하고, 나를 위해 일을 하다 보면 주변 사람들도 함께 즐거워질 수 있었다고 생각하기 때문이다.

"장수가 더 이상 축복이 아닐지도 모른다는 말을 많이 하죠? 아무리 오래 살아도 아프면 소용이 없으니까요. '무병장수'가 그만큼 중요하다는 뜻이겠지만, 저는 '무친장수'도 굉장한 문제라고 봐요. 나이가 들어 혼자인 것만큼 서러운 일이 없잖아요. 나이가 들수록 매사가 귀찮아지기도 하구요. 무기력해지는 것이지요. 저는 그래서 돈이 생기든 안 생기든 일을 만드는 게 정말 중요하다고 생각해요. 친구도 마찬가지에요. 먼저 연락하고 일을 만들어야 친구도 만날 수 있어요. 저는 여행을 계획할 때 사전조사를 매우 철저히 합니다. 2016년 가을 고등학교 동창 48명을 이끌고 일본 홋카이도로 여행을 갔는데요, 일본의 등산가들이 찾는다는 대설산 소운쿄 계곡의 등산루트를 일정에 넣어 달라고 여행사에 별도 요청했어요. 남들이 볼 땐 수고스러운 일이라고 보일지 모르지만 친구들의 여행을 더 풍성하게 만들 수 있다면 전혀 번거롭지 않아요. 부지런히 사전답사를 다니면 운동도 되니 저에게도 친구들에게도 좋은 일이죠."

돈은 제대로 쓸 줄 알아야 제 것이 된다

친구들과 여행을 다니고 주변 사람과 행복을 나누는 정 회장의 노후를 보며 경제적인 여유가 있어야 가능한 것 아니냐는 반문도 가능할 법하다. 그러나 정 회장은 꼭 그런 것만은 아니라고 말한다.

"제가 가장 안타까워하는 경우는 친구들이 돈이 없어 여행을 못 가겠다고 푸념을 할 때에요. 저도 여유가 넘쳐서 여행을 다니는 건 아니에요. 직장생활을 하며 꾸준히 부었던 국민연금이 현재 제 주된 소득이에요. 여기에 개인적으로 주식 투자를 일부 하고 있는데, 여행경비는 바로 이 투자를 통해 마련해요. 전문 자산관리자의 조언을 받기도 하고, 스스로 정해둔 기대수익을 벗어나면 손절매를 해서 손실을 최소화한다는 저만의 원칙으로 운용하고 있어요.

서울 한복판에 살며 그곳을 떠나면 큰일 날 것처럼 구는 친구가 있는데, 이 친구는 돈이 없어서 여행을 못 간대요. 저는 그 친구에게 차라리 집을 팔고 여행을 가라고 하죠. 세상 떠나면 필요도 없는 집을 왜 놓지 못하는지 참 안타까워요. 시간이 넘쳐나는 노후에 30분만 더 움직일 생각을 하면 도심의 오래된 아파트를 팔아 훨씬 더 좋은 환경에서 살 수 있어요. 65세 이상이면 대중교통비도 들지 않고, 걷기만큼 건강에 도움 되는 운동도 없잖아요. 집을 팔아 생긴 여윳돈으로 여행도 하고 노후생활을 즐겨야죠. 노후에 돈의 여유보다 중요한 게 마음의 여유 아닐까요? 저 역시 생활비가 부족해지면 지금 살고 있는 집을 주택연금을 신청해 활용할 계획이에요."

사람의 가치관에 따라 다르겠지만 잘못 창업을 하거나 자식들 문제 등으로 써보지도 못하고 돈을 잃는 것보다, 여행과 취미생활처럼 자신이 좋아하는 일을 하며 살겠다는 게 그의 각오다. 어떤 사람과 어떻게 시간을 보냈느냐에 더 가치를 두기 때문에 가능한 일이기도 하다. 굳이 비싸고 고급스러운 레스토랑에 가지 않아도 좋아하는 사람들과 맛있게 먹을 수 있음에 만족하고, 그렇게 소비를 줄여 생긴 자금을 모아 여행을 떠나는 것이다.

좋은 사람들과 함께하는 '품격 있는 노후'

정 회장은 나이가 들수록 사람이야말로 참된 재산이라는 것을 느낀다. 그렇기 때문에 그 스스로가 가족에게 존경 받고 좋은 친구와 함께하는 노후를 살고 싶다.

"자식들에게 '아버지처럼 살고 싶다'는 말을 듣고 늙어서도 주위 사람들과 어울릴 수 있는 것만큼 행복한 일이 또 있겠어요. 그래서 저는 항상 제가 먼저 '콜(연락)하자' 라는 마음을 갖고 있습니다. 여행을 다니다 보니 새로운 것을 보는 재미도 있지만 저 스스로를 반추할 기회가 많았어요. 서먹해진 관계들도 생각났죠. 그래서 여행을 한번 다녀올 때마다 잊혔던 관계의 사람 중 한 명에게 꼭 연락을 해요. 너무나 반갑게 맞이해주는 사람도 있고 그렇지 않은 사람도 있지만, 내가 먼저 연락하여 관계를 복원할 수 있다는데 의미를 두는 거죠. 새로운 인간관계를 만드는 것도 중요하지만 이미 있는 관계를 복원하고 두텁게 하는 것도 중요한 게 아닐까요?"

증권협회에 입사해 협회전무이사, 건설증권사장, 코스닥협회 부회장을 거쳐 2005년 퇴직했다. 퇴직 후 여행기획자로 변신. 몇 개의 여행 모임을 이끌고 여행기를 출간하기도 했다. 현재는 금융투자협회 동우회 회장을 맡고 있다.

11

동네 사랑방 수다원(秀多院)을 운영하는 나영자 원장

현대사회로 발전해오며 우리가 잃어버린 몇 가지 정겨운 풍경이 있다. 이웃사촌도 그중 하나다. 과거에는 이웃집이나 동네 사랑방에 삼삼오오 모여 앉아 서로 사는 이야기를 나누고 위로 받던 것이 일상이었다. 그러나 요즘은 어느 동네를 가도 이웃 간의 담소 소리가 잘 들리지 않는다. 몇 백 세대 이상이 모여 사는 아파트인데 옆집에 누가 사는지도 모르는 경우가 많다. 더 많은 사람들과 밀집되어 살아가지만 우리는 점점 더 외로워지고 있는 것이다. 그래서 나영자 원장은 이웃과 만날 수 있는 공간을 만들자고 생각했다. 우리나라에 단 하나뿐인 수다원(秀多院)의 탄생이었다.

'秀多院(빼어날 수, 많을 다, 집 원)'은 많은 사람이 모여 지혜를 모으면 문제를 해결할 수 있다는 의미로, 나영자 원장이 직접 지은 이름이다. 이름 그대로 '수다'를 떨기 위해 아무나 찾을 수 있는 마을의 사랑방인 셈이다. 농협지점의 회의실을 사용하고 있기 때문에 농협 업무 시간에만 열린다는 아쉬움은 있지만, 마을 주민들의 쉼터 역할을 톡톡히 하고 있다.

우리동네 사랑방, 수다원

나영자 원장은 교감선생님으로 지난 2015년 퇴직했다. 교직에 있을 때부터 해오던 봉사활동을 이어 가겠다는 마음으로 시에서 운영하는 금빛교육봉사단에 입단했다. 전문직에서 퇴직한 사람들이 활동하는 봉사단이었다. 그곳에서 어르신들을 대상으로 한글교육을 하는 일을 맡았다.

"글을 배우고 기뻐하는 어르신들을 보면 행복했어요. 소정의 교통비만 지원 받고 먼 거리를 오가는 것도 괜찮았어요. 그런데 문득 '우리 동네에도 글을 배우고 싶어 하는 어르신들이 있지 않을까?' 하는 생각이 들더라고요. 제가 사는 동네는 자연부락을 이루고 살던 곳의 일부가 재개발되며 주거단지가 들어선 곳이에요. 문화생활 시설 없이 덩그러니 사람들이 살고 있는 곳이죠. 그렇다 보니 문화적·교육적 혜택이 미치지 못해요. 그 사실이 안타깝더라고요."

어르신들이 편하게 올 수 있는 공간부터 만들자고 생각하게 된 계기였다. 한글 교실을 세우기보다 누구에게나 열린 공간을 계획한 것이다.

"무작정 한글 수업을 한다고 어르신들이 찾아오지는 않아요. 주변 사람들에게 글을 모른다는 사실을 밝히는 것도 쉽지 않고, 생업이 있으신 분들은 정해진 시간에 맞추어 수업에 참석하기도 힘들고요. 그래서 언제든 찾아와 본인의 사는 얘기를 터놓고 위로 받을 수 있으면 좋겠다고 생각했어요. 서로 정을 나누고 서로 소통하며 배우고 싶은 것을 배울 수 있는 곳 말이지요."

주어진 예산 없이 적당한 장소를 물색하기도 어려웠다. 주민자치센터를 찾아가 보았지만 마땅한 공간이 나지 않았다. 그러던 차에 마을 농협지점의 도움으로 빈 회의실을 사용할 수 있게 되었다. 1년에 서너 번 정도 조합원 회의 때만 이용되던 공간에 수다원이 문을 열었다.

수다원은 누구에게나 열려 있다

수다원의 개원을 알리는 현수막을 걸고도 얼마나 많은 사람들이 와줄까 염려스러웠다. 하지만 걱정과 달리 수다원의 문을 두드리는 사람들은 점점 늘어났다. 조심스러운 발걸음으로 찾아온 어르신들이 어느새 자신의 이야기를 술술 털어놓았다.

"하루는 우울한 얼굴로 수다원을 찾은 분이 계셨어요. 말없이 차 한 잔을 내어 드리고 어디 사시는지 가벼운 일상을 주고받았죠. 그러더니 자신의 속상한 이야기까지 하셨어요. 동네에 이사 온 지 1년 반이 넘었는데 아는 이웃사람 하나 없이 혼자 집을 지키는 신세가 되었다고요. 한참을 얘기하고 나니 마음이 후련해졌다며 내일 또 오시겠다고 하시더군요. 오실 때와는 달리 한껏 상기된 얼굴로 돌아가는 어르신을 보니 제가 다 뿌듯했어요."

나영자 원장은 일주일에 두 차례 한글 수업을 진행하고 있다. 단지 한글을 배우고 쓰기만 하는 수업이 아닌 글을 쓰고 다른 사람들과 이야기를 나누는 수업이다. 자신이 살아온 시간을 나누며 자연스럽게 이웃과 친밀함을 나눈다. 그 외에도 어르신들이 즐길 수 있는 다양한 프로그램들이 진행되고 있다.

"제 주변엔 봉사를 하고 싶어도 어디서 어떻게 해야 할지 모르는 사람들이 많아요. 취미로 네일아트, 하모니카 등을 배웠는데 재능 기부를 할 기회가 없었던 거죠. 그분들을 강사로 모셔 재미있는 특강을 하기도 해요. 한 어르신은 농사를 짓다가 평생 처음으로 네일아트를 받아 보셨대요. 황홀해 하시더라고요. 남편을 위해 매 끼니를 준비하셨던 분이 네일아트를 처음 받아보곤 남편에게 작은 투정을 부려봤대요. 이렇게 예쁘게 손톱을 칠했으니 오늘 저녁밥은 준비가 어렵겠다고요. 남편도 처음 본 아내의 모습이 예뻤던지 웃으며 식사는 알아서 해결하겠다고 하더래요. 옆에서 지켜보는 제가 다 기분이 좋더라고요."

이웃과 함께 외로움을 달래다

수다원을 찾는 사람들이 또 있다. 바로 아이를 둔 엄마들이다. 동네 특성상 외지에서 유입된 사람들이 많고 아이가 하나밖에 없는 집이 많다 보니, 이웃을 찾아 수다원에 오는 분들이 많다. 아이들은 이곳에서 또래 친구를 사귀고 엄마들은 다양한 정보를 공유한다. 일주일에 한 번씩 젊은 엄마들의 주도로 독서모임도 진행되고 있다. 자녀의 독서지도와 교육 관련 정보를 나누는 시간이다.

"오히려 젊은 엄마들이 수다원을 즐겨 찾는 것 같아요. 아는 사람 없이 왔다가 옆 동에 사는 사람, 같은 동에 사는 사람을 사귀고 가더라고요. 그렇게 사귄 아파트 이웃끼리 케이크를 챙겨와 생일을 축하하기도 해요. 간식이나 반찬을 챙겨와 식사를 해결하기도 하고요. 얼마 전에는 장 담그기를 했는데, 아파트에서 살며 사라진 옛 문화를 다시 즐길 수 있게 되었다며 많은 분들이 좋아하더라고요."

이제는 옆 동네 주민들도 수다원을 찾아온다. 늘어난 사람만큼 수다원의 이야기도 풍성해지고 있다. 계절별로 떠나는 야유회는 인기가 대단해 선착순으로 마감을 해야 한다. 서로서로 모르는 사람이 없게 되자, 나영자 원장이 자리를 비워도 주민들이 알아서 수다원을 운영할 정도이다. 앞으로 어르신들이 초등생을 대상으로 바둑, 장기, 한자 등을 가르쳐주는 프로그램도 시작할 계획도 있다. 외부의 재능기부뿐만 아니라 동네 주민들 간, 세대 간에 도움을 주고받자는 취지이다.

"궁극적으로는 마을 공동체, 마을 학교의 역할을 하게 되지 않을까 싶어요. 많은 분들이 관심과 도움을 주서서 수다원이 이렇게 성장할 수 있었고요. 2018년부터는 농협 본점과 인천 서구청에서 운영비를 지원해주고 있어요. 이를 통해 이웃들에게 더 의미 있는 기회를 제공할 수 있게 되어 정말 기뻐요."

나영자 원장은 수다원을 설립했던 과정, 운영 노하우 등을 꼼꼼히 기록해 두고 있다. 수다원을 찾는 사람이 많아지자 별도의 회원 목록도 만들어 두었다. 어느 동네에서라도 수다원이 필요하다는 분들이 있다면 그분들에게 도움을 주기 위해서다.

"앞으로 수다원과 같은 공간이 더 많이 필요할 거라고 생각해요. 옛날에는 고독사라는 게 없었잖아요. 가볍게 마실을 나가 이웃들과 신나게 떠들다 오면 속이 후련해지곤 했죠. 그런데 이젠 사람들이 자기 얘기가 하고 싶어도 할 곳이 없어요. 공간 하나를 열어 두었을 뿐인데 우리 동네도 어르신들뿐만 아니라 아이들, 부모들까지 이렇게 많은 분들이 찾아주고 있잖아요. 현대인의 질병이라는 우울증도 동네마다 이런 곳이 있으면 훨씬 줄어들지 않을까요?"

인생 2막, 봉사가 있어 즐겁다

수다원에서 나영자 원장의 인생은 더 풍요로워졌다. 다른 사람을 돕기 위해 봉사로 시작한 일이지만 스스로 얻는 것이 많기 때문이다. 홀로 집을 지키는 외로움 대신 이웃과 함께하는 기쁨을 얻었다. 마을을 위해 수고한 공로를 인정받아 농협에서 명함을 마련해주기도 했다. 독립한 세 자녀도 퇴직 전보다 바쁘게 사는 어머니를 자랑스러워한다고 한다. 그녀가 노후에 자신을 위해서라도 봉사가 중요하다고 강조하는 이유이다.

"봉사는 나를 행복하게 만들어주는 일이라고 생각해요. 특히 퇴직한 이후에는 더 그렇고요. 현직에서 돈을 벌기 위해 일했는데 퇴직 후 나머지 인생까지 돈을 벌기 위해 일하며 살고 싶지는 않아요. 물론 먹고살 걱정이 없도록 경제적인 문제가 가장 먼저 해결되어야겠지만, 인생에서 어느 시기 동안은 다른 사람에게 되돌려주는 일을 하며 사는 것이 삶을 행복하게 만드는 것 같아요. 내가 지금 가지고 있는 것들은 사회로부터 얻은 것이니 사회에 되돌려주는 봉사활동은 제 삶에서 의미 있는 일이지요.

가끔 주변에 '퇴직하면 취미를 활용해 봉사 한번 해봐야지' 하는 마음을 가진 분들이 있어요. 하지만 가벼운 마음으로 봉사에 도전하면 어설픈 결과만 나올 뿐이에요. 퇴직한 후에 내가 책 읽기를 좋아한다고 해서 책 읽기로 봉사할 수 있는 곳이 항상 마련되어 있지는 않아요. 내 형편에 맞는 봉사만 할 수 있는 곳이 기다리고 있지 않거든요. 퇴직 전부터 관심을 가지고 발을 들여놔야 한다고 생각해요. 봉사하면서 봉사하는 것을 배우는 겁니다. 퇴직한 뒤 전문직에서 굳어진 얼굴로 찾아가는 것이 아니라 봉사의 진실성이 몸에 배어 있는 모습으로 봉사를 하기 위해서요."

수다원은 이제 나영자 원장이 봉사를 하기 위한 공간만이 아니다. 옛날의 사랑방처럼 이웃과 소통하고 마음을 나누는 치유의 공간이 되었다. 서로 슬픔을 보듬고 행복을 나누면서 말이다. 나영자 원장도 수다원에서 행복을 찾았다. 그래서 보수 없는 원장이지만 수다원 원장의 자리가 더 귀하다. 나영자 원장은 앞으로도 이웃들의 수다 소리로 온 동네가 가득 찰 수 있을 때까지 수다원을 가꾸어 나가겠다고 한다. 대한민국에 단 하나뿐인 인천의 우리동네 사랑방, 수다원의 문은 오늘도 활짝 열려 있다.

2015년 초등학교 교감으로 퇴직했다. 참스승에게 주어지는 신일스승상과 모범공무원상을 수상할 만큼 현직에 있을 때부터 꾸준히 봉사활동에 매진해 왔다. 퇴직 후에도 자연스럽게 봉사를 해오다가 현재는 인천 오류동에 위치한 수다원의 설립자이자 원장으로 이웃의 행복하고 건강한 삶을 위해 힘쓰고 있다.

나는 퇴직이 두렵지 않다

초판 3쇄 펴낸 날 | 2020년 12월 4일

지은이 | 강창희, 지철원, 송아름
펴낸이 | 이금석
기획 · 편집 | 박수진, 박지원
디자인 | 책봄
경영 지원 | 현란
펴낸 곳 | 도서출판 무한
등록일 | 1993년 4월 2일
등록번호 | 제3-468호
주소 | 서울 마포구 서교동 469-19
전화 | 02)322-6144
팩스 | 02)325-6143
홈페이지 | www.muhan-book.co.kr
e-mail | muhanbook7@naver.com
값 13,500원
ISBN 978-89-5601-412-8 (03190)